U0939054

草色蛙声

卢彩娱 著

海峡出版发行集团 | 福建人民出版社
THE STRAITS PUBLISHING & DISTRIBUTING GROUP | FUJIAN PEOPLE'S PUBLISHING HOUSE

图书在版编目（CIP）数据

草色蛙声/卢彩娱著. --福州 ：福建人民出版社，2023.6
ISBN 978-7-211-09050-1

Ⅰ.①草… Ⅱ.①卢… Ⅲ.①随笔－作品集－中国－当代 ②诗集－中国－当代 Ⅳ.①I217.2

中国国家版本馆 CIP 数据核字（2023）第 037576 号

草色蛙声
CAOSE WASHENG

作　　者： 卢彩娱
责任编辑： 林　顶
出版发行： 福建人民出版社　　**电　　话：** 0591-87533169（发行部）
网　　址： http://www.fjpph.com　　**电子邮箱：** fjpph7211@126.com
地　　址： 福州市东水路 76 号　　**邮政编码：** 350001
经　　销： 福建新华发行（集团）有限责任公司
印　　刷： 福建建本文化产业股份有限公司
地　　址： 福州市仓山区建新镇十字亭路 4 号
开　　本： 889 毫米×1194 毫米　1/32
印　　张： 9.5
字　　数： 182 千字
版　　次： 2023 年 6 月第 1 版　　2023 年 6 月第 1 次印刷
书　　号： ISBN 978-7-211-09050-1
定　　价： 32.00 元

序一

朱谷忠

卢彩娱从事高中教学已二十多年了，曾多次被评为市、县优秀教师，如今已是一名省级历史骨干教师。她从小爱好文学，高中时所写散文《低低的石岭下》曾获华东六省一市中学生作文竞赛二等奖。大学时代，积极参与文学社活动，编辑一些诗歌刊物。毕业后，钟情于文学她，一度为朦胧诗疯狂。后来步入社会生活，忙于工作，动笔较少，但仍坚持给当地文学刊物写诗投稿。

我认识卢彩娱是2018年底在闽东举办的一次散文会上。之后，因答应为她的这本书写点读后感，便有了多次微信上的交谈。特别是在有关写作方面，我发现：无论是艰辛的少女时期、还是后来寂寞的工作之余，甚或有时在病痛的时候，卢彩娱都感觉到文学犹如远方投射过来的一束光亮在照耀她、引领她，让她保留着少女时期浪漫的天性，积淀着对大自然与社会生活的热情。这一切，也让她在内心一直保持着对善良、纯真的一往情深。

然而，由于所处的环境和生活圈子的逼窄，加之自己的某些拘谨和不大自信，很多时候，她认为自己利用空余时间写下的诗歌散文，可能上不了台面，也不轻易拿去发表。直到近些年来，有个朋友开了一个叫“文星在线”公众号，请她试着发了一些文章，结果，喜欢她文章的却大有人在。一次聚会，有次朋友告诉她说：“你写的《您在，我不老》，我和孩子都看哭了。”卢彩娱听罢，心里油然升起一股感动和自信。她由此坚信：好的文字，不但能滋养自己的年华，也能温暖他人的情感。这正是她一直想要攫取的文字的力量。

确实，卢彩娱所在的寿宁县，曾是个僻远、闭塞的地方。幸而改革开放这些年来，她和许多人一样，从小社会、小眼界、小格局里跳了出来，除了积极投入工作生活，视域里也有了更多外面世界的精彩。更重要的是，当她所处的地方也在发生着前所未有的变化时，她惊喜地发现：每一方水土，每一处风情，每一个地方的人，幸福感可能是相似的，但归属感却是不一样的。她认识到：“我的少年时光是沾着泥巴、草木味道的，这种带一份纯朴、携着一份自然长大的时光，虽少了大城市的伟岸，但多了份山野之趣，山野之纯，是多彩而丰腴，灵动而清艳的。”

卢彩娱正是带着这种心结，怀着对闽东山水的挚爱，一直在倾听着、浅吟着、低唱着、抒写着。从这次结集出版的散文与诗歌的行文看，她显得率真、轻松、随意，既有触发的个性独显，也有感悟的独特视角；有时，她会让人觉得心地特别单纯，意象行文，元气淋漓，好像以一种自由的方式进入写作的自由之境。其中让人感受最深的是她对故土的一切都爱之有加，且洋溢着一种感人的力量。这力量来自真实、真诚和真挚的情感体验，因而其作品往往采用直抒胸臆，极少雕琢痕迹。这一切，正如她在文中写到的那样：早春的汗水泊在夕阳里，牛儿慈祥的眼神种满山野，潮湿了岁月所有的呐喊……

事实上，通过本集子，读者不难看到，卢彩娱的文笔在穿越山水的同时，也背负着故土五百年忙碌的记忆：有时光里芳华的古镇，有漫舞在心中的柳絮，有斜滩茶叶史话和姥姥的火笼；也有农耕岁月的蓑衣，薯米喂养的乡愁，沉淀心中的年味，以及在粽香里闪烁的怀思，甚至在一块咸石上等待雪落、等待候鸟飞来的时刻……

读完集子，我不能不想到，在这浮躁充盈的尘世，卢彩娱没有置身局外，相反，她用个人化的视角热情地描写她看到的和感受到的一切，并且对一些社会现象及人生思索，从历史和自然的角度，提出心灵拷问，勇敢地说出自己的赞美与评析。如《一座县城与一个文学巨匠》，她这样写冯梦龙："因了怎样的渊薮而相逢，何其幸焉，何其福也。一程穿越千山万水的步履，一段尽心尽力的艰难履职，一册穿越四百年时空《寿宁待志》，我们看到了冯公的品质和精神。老梅标冷趣，我与尔同清，我们将怀揣敬仰，永葆冯公精神，去穿越属于我们的天地。"再如，她父母为手艺人，正直和善的品德，给了她不少影响。她因而写道："一盏枯灯一刻刀，一把标尺一把锉，构成一个匠人的全部世界。作为手艺人的父母，为了一门手艺打磨了一辈子，一辈子只做好一件事。有时，活儿不如客人意，客人还会大声斥责，我深切地感受到他们的辛苦，但他们从未在我们面前埋怨过命运的不公。他们一生都很卑微，但因为有一门专注的手艺，他们的世界变得简单而又丰富。"

有趣的是，这本集子的文字，尽管还留有一些朦胧诗的影子，但总体上说来，依然显出清浅明快的风格。不足的是，她选取的乡野意象以及表达事物的方式，虽然寄托了个人的情感，但有时写得不够节制，显得不够含蓄；除此，有些属于当地独特的题材，虽有触及，但没挖到深处。另外，有些章节的文字还需进一步锤炼。这一些，是卢彩娱在今后创作中应当引起注意的。

好在卢彩娱自己认识到：文学是时光的需求，是我们每一步人生路的见证——如果我的文字能被一部分人喜欢，能够通过这些文字与他们共鸣，使他们在劳碌抑或平凡的生活中得到些许的调节和温暖，那对我将是意外的收获。

2020年元旦写于福州

本文作者为福建省作家协会顾问

序二

连德仁

金秋时节，寿宁大地稻菽飘香，到处是一派丰收的景象。在这丰收的季节里，卢彩娱老师给我送来一摞厚重诗稿，拟将结集出版，约我为之作序。有感她对新诗创作的执着追求和丰硕成果，我欣然接受了这项任务。

诗歌是文学宝库中的瑰宝，是语言的精华，是智慧的结晶，是思想的花朵，是人性的灵光，是人类最纯粹的精神家园。古今中外的诗人们，以其生花妙笔写下了无数优美的诗歌，经过时间的磨砺，这些诗歌已成为超越民族，超越国别，超越时空的不朽经典，叩击着一代又一代人的心灵，给人们以思想上和艺术上的双重享受和熏陶。

诗歌分为旧体诗和新诗。旧体诗诞生于古代，它的审美情趣和表现手法，同生活节奏快速、生存竞争激烈的现实社会相去甚远。但现实生活中仍有一些漂泊的心灵需要安顿，仍有一些闲情逸致需要抒发，仍有亘古不变的大自然的美需要描绘，而这些恰恰可以运用旧体诗词的形式来表现才别有一种风味，别有一种情致，别有一种神韵。它能使人的精神返乡、灵魂归朴、心灵趋静。总之，旧体诗词的作用是不可替代、超越时空的。

新诗，又称自由诗（相对旧体诗而言），起源于 19 世纪末20世纪初的欧洲，创始人是美国19世纪诗人惠特曼。自由诗结构自由，它不受格律的限制，诗的节数、行数、字数、音韵等方面都比较自由，但要求有明显的节奏。新诗是五四新文化运动的产物，代表作有郭沫若的《女神》、艾青的《大堰河——我的保姆》、冰心的《繁星》、闻一多的《红烛》、刘半农的《教我如何不想她》、徐志摩的《再别康桥》等等。经过近百年的衍发，现代诗又派生出自由诗、散文诗、现代格律诗、歌词、朦胧诗等。

卢彩娱长期从事高中历史教学、班主任工作。热爱教育事业，工作认真，多次被评为市、县教师、优秀共产党员、“学生最喜欢的老师”等，有多篇论文发表在CN刊物上。她于20世纪90年代开始写诗和散文，多篇诗歌、散文发表在《散文诗》《闽东日报》《寿宁诗刊》《映山红》等刊物上。

诗歌永远是对心灵现实的忠实表达，来源于生活的细节，是基于生活的想象。诗歌的深度和广度，来源于心灵的深度广度。卢彩娱的诗是饱满的、细节的、有自己的悲悯的气息。《向往的翅膀》诗人将心中美好的向往比作开放的花朵、舞蹈的群山、升腾的茶香。《老菜农》写的是沾着泥土芬芳、裤脚半卷的老农，在出售他那“没施农药”“斤两不少”的“绿色精灵”。《时光鸟在风中》则把珍贵易逝的时光比作自由翱翔的小鸟，叫走了晨钟，喊走了夕阳。《面对一座山》，她看到“枝蔓摇曳”“飞鸟翔舞”，感到家乡“绿色的诱惑”。《在初春的雨中》，作者看到了苏醒的动物、鹅黄的小草，还有那“丁香般美丽的姑娘”。在《雪，我的雪》中，她把丰年瑞雪比作“一袭白裙”“晶莹剔透的珍珠”和“银白月色的知己”。《在龙江岸边》“女子捣衣的声响，把日子晒成了五颜六色”。现代化的交通，让古镇渡口的老舵手改行摆起水果摊，而不息的龙江还在追问它真正的源头。《致戴清亭》充满对历史“前行脚步的景仰”，表达作者对前人的仰慕思念，对清风圣洁的颂扬，特别是冯梦龙知县“晚器的步履”和“岁月旷达的苍劲”，把为官与治学、廉洁与勤勉镌刻在历史的丰碑上，把深情和希望留在《寿宁待志》的字里行间。在《虹之魂——致廊桥》中，把世界木拱廊桥之乡——寿宁，通过“灵魂的飞檐”“榫卯的衔接”“临水夫人的深情”和“五光十色的彩虹”编辑成“一卷引人入胜的篇章”。廊桥成了古往今来的“感伤与辉煌”，成了大山的智慧、崭新的崇拜，成了今日寿宁自豪鲜活的名片。《背包的分量——记扎根山区的人民警察陈智辉》，把一位普普通通的人民警察写得栩栩如生、形象高大、令人崇敬。他背着“移动帐篷”，背着“大山的承诺”，把“群众方便了”视为自己“最大的幸福”。他与“太阳竞走”，做“背包警务”。他晴天一身灰，雨天一身泥，二十个行政村，五十个自然村，最远的村二十八公里，一本一包一台账，让人们知道，浸湿汗水的背包的分量有多重。《等待候鸟》，分明写的是农村空巢的老人，他们成了“守巢的奴仆”，企盼着血脉相连的亲人，哼着经久不衰的歌谣。《思念》是孤独的灯，是拉长的影，是急走的云，是望灯的帆，层层递进。最后，思念成了圆润的浪珠，落盘的琴弦。《三月，我是一粒种子》春雨和着汗水，暗香流入土地，老犁刨开岁月，光芒播撒谷仓，所有幸福都从这里发芽，从三月播种到十月收成，竟走千年，生生不息。《一个人的山顶》把“我的家园”沐雨时的清新、雪怀中的洁白，小城的期盼，清晨的晨曦和温柔，哪怕是落日的不舍，也写得那么动人，变成了人们“心中的花园”。

杨梅洲是寿宁唯一的一处省级风景名胜区，是人们休闲、度假、保健、探险的好去处。卢彩娱老师以《杨梅洲的水》《杨梅洲的石头》和《杨梅洲的树》将杨梅洲写成了一组长诗，在诗人的笔下，水是那么温柔、踏实、妩媚，水成了杨梅洲的生命。石是那么奇特，那么热情，那么鲜活，成了凝聚大山的灵魂。树的身躯是那样的挺拔，那么珍贵，不管是南方的红豆杉还是那珍爱的银杏叶，都是大地的精灵。《今冬我守在南窗》塑造了一只勇敢的小燕，带着橘子的香风，扯着深爱的披风，守着寂寥的欢笑，让南窗腾满相思的蒸汽，驮着柔和的月色，化作神秘的飞鸟……

卢彩娱老师这些自由诗，都以抒情为主要表达形式，一般以较短的篇幅来具体形象地凸显诗人的主体意识，集中概括地表现社会生活；都以意象为诗情传达的基本单位，通过单个或多个的意象来凸现诗意，抒发情感；时常采用复沓和铺排的修辞手段，使诗句充满节奏感和音乐性；作者对诗句分行排列十分讲究，经常借助暗示来表达思想感情，语义含蓄多解，富于朦胧美。

此外，集子中也有些是散文，诸如《“爱尔登”先生》，是追忆斜滩，追忆家人；《五月里最耀眼的红》，写仙岩杜鹃，联想父亲的国画；《舞在心中的柳絮》写诗人对母校、对学生的眷恋和深情；《怀念的羽蝶漫天飞舞》回忆诗人的二舅坎坷而丰富的人生，表达了诗人对亲人的深情追思；《静美榅洋》写出诗人对田园生活的眷恋和向往；《啼声悠扬》是写凤阳基德的。作者来到基德，喝上清清的山泉，看着田园的犁牛，想起金黄的稻浪，看到延绵的洞宫山脉，孕育了神奇的基德梯田。农民朋友们春耕的艰辛、秋收的快乐，还有冬日田野静谧中等待的幸福以及渐行渐远的牛耕生活，生动地跃然纸上。细腻的情怀让人感动，让你回味无穷。

总之，卢彩娱老师的作品以丰富的生活体验和对底层民众的深切关怀为主题，注入了温暖的情怀，努力为寿宁的人民和美丽的山川写意传神，并赋予了亲切的气质和神韵，形成了具有地域风格和独特品质的诗歌。她的诗是对人性的深情歌咏，用文字表达对自然、社会和人生的感悟。诗歌是诗人向这个世界做出的独具意味、间接的情感倾诉。在这种倾诉里，诗歌展现着诗人对这个世界的观察、思考和描绘，同时也将自我的生命情感彰显出来。表达着对无限美好的情感的追索。诗人富有张力的词句结实有力，充满了激情和对温暖人性的张扬。

我希望读者，特别是年轻的读者，通过读这本诗集，会有更多人喜欢进入诗歌的殿堂，领略诗歌的艺术魅力，进而启迪心智，陶冶性情，提高个人的文学素养、审美情趣和人生品位。这就是我读完这本诗集后所要告诉大家的。谨以为序！

2020 年春

目　录

散　文

诗　歌

散文

您在，我不老

岁月无情，年轮有意。不经意间深深浅浅的皱纹开始爬上额头与眼角，像初春时节的枝丫，肆无忌惮地蔓延着。一种岁月易逝的悲凉油然而生。而当我面对鲐背之年的母亲，面对她寂寞、多病痛的时光，我才知道这样的心境是多么的残忍和无情。亲爱的母亲，您在，我不老。

母亲的娘家家道殷实，但因为是第三胎女儿，母亲一出生便被送人了。以童养媳身份长大的母亲，受尽了生活的苦难，甚至有三次从鬼门关前经过。我的爷爷英年早逝，所以父亲家里的生活极为窘迫。为生活计，母亲靠自学当起了裁缝师。裁缝是个细活，容不得半点马虎，遇到苛刻的东家，还要经常返工。由于做工精细，自学成“裁”的母亲在当时的裁缝界口碑很好，一家做完到另一家，没间断地忙着。“文化大革命”期间，父亲被定为黑五类，被送劳教。母亲就靠着她手中的针线，养活我们兄妹。坚强的母亲，用她的节俭勤勉和善良坚韧刻画了一个中国妇女平凡而伟大的形象。

寿宁有句俗话：“烧瓦的住茅草房，拿伞的遮不到伞柄。”母亲做了一辈子衣服，却没能为自己做件好料子的衣服。母亲多次摸着一件件做好的当时最时尚的条绒布衣服，对我说，什么时候也能做一件穿在身上就好了。我眼眶湿润，年少的我暗暗发誓：母亲，您的愿望我一定帮你实现。工作以后，我经常为母亲买衣服，一年四季的都有。在那些琳琅满目的服装店里为母亲精心挑选衣服，我的心中充满着幸福和感恩。

母亲记忆力很好，我初中、高中的同学，但凡她见过的，隔了十几、二十年，她也能叫上名字，这让我的同学大为惊叹。母亲没上过学，但在新中国成立后初期的扫盲教育中，母亲还是识了一些字，能写一些简单的字，这让她能看懂电视剧情。而能背诵深奥的《金刚经》《大悲咒》等佛经，则完全靠母亲顽强的意志力和虔诚的心。母亲喜欢看羽毛球赛，她是林丹的老粉丝。每每有林丹的赛事，她都会在电视机前为他的胜利而高兴。现在，母亲大多数时间都躺在床上，极少看电视了。我有时会问母亲："那个经常拿世界羽毛球赛的冠军是谁啊？"母亲笑着说："记着呢，林丹。"

母亲常说，人要懂得感恩，会感恩的人有福气。她的心中始终记着别人对她的好。那年，母亲八十六岁了，十分怕坐车的母亲，突然说要回寿宁。问及原因，原来是要回来答谢恩人吴家婶婆。她曾在母亲困难潦倒之际帮助过母亲。当母亲拿着藏了两年的礼物来到吴家时，已瘫痪在床上的吴家婶婆已记不起来母亲了，时光已将她们分别了整整四十年，这四十年母亲心中藏着这些美好，该有怎样的幸福和力量啊。

在我们兄妹的印象中，母亲出奇节约，她认为人惜福才能让福越来越多。一条毛巾洗得透亮了，她也舍不得扔掉。洗脸的水，她一定送到厕所重复利用。偶尔有饭粒掉在地上，母亲总是用手一粒一粒地拾起，连同剩饭一起放置窗台，喂养小鸟。久而久之，鸟儿每天清晨都来窗台觅食，叽叽喳喳地叫着。看着它们用尖尖的嘴在啄饭粒，欢快地吃着，我像个孩子似的轻轻叫着，十分惊喜。母亲那份对劳动、对劳动成果的虔诚之心、珍惜敬畏之情深深地感染着我，强烈地叩问着、约束着我的思想和行为。

“忍一时风平浪静，退一步海阔天空。”母亲经常教育我们做人要懂得退让，凡事不要斤斤计较。记得母亲七十三岁那年的秋天，她在街上被一辆自行车撞倒，小腿流了血。骑车小伙子因为害怕，惊吓在车上，没下车来扶起母亲。旁边人打抱不平，纷纷指责他，要他带母亲去医院检查。母亲艰难起身，对小伙子说，没事，你走吧，下次骑车要慢点。记得小时候被小伙伴欺负，到母亲面前哭诉，母亲总是说，没事，你不去计较，她们就不再讲你了。待嫁入夫家，每有与丈夫或婆家人发生不愉快的事，我会回娘家哭诉，母亲总是站在丈夫或婆家人的立场上，劝导女儿。于是，每次从娘家回来，我总是心情愉快，阳光灿烂。母亲就是这样将最朴素的宽容、理解传递给女儿，为女儿的幸福送上最好的精神元素。

母亲是个虔诚的信佛者，她把日常的念经、祈祷化作一种信仰，一种安慰，一种寄托。她始终如一的恪守着清心寡欲，保持着那份坚持与执着。看她跪拜在佛像前默默许愿慈悲虔诚的样子，我看到了她眼神里憧憬着最美的祈福。在经历了过去那些艰苦岁月的沉浮之后，她的内心唯有子孙们的幸福、子孙们的平安。

年前的一场感冒让母亲更加消瘦了，看着每餐只能喝点稀饭的母亲，我黯然心伤。想多陪陪她，可她总是说，你工作忙，回去吧。每当离别的时候，她望着我那种不舍的眼神和孩子般欲哭无泪的神情，总让我心痛无比。

感恩上苍，让母亲在鲐背之年，能享受到像视频之类的现代科技生活。与母亲视频，我可以尽情地撒娇，做着各种鬼脸儿，那头母亲眼睛眯成一条缝，笑得咧开没牙的嘴，满脸的皱纹都舒展开来，我感动地流着眼泪。我想这是母亲最开心的时候，也是我最幸福的时刻。

母亲为我开启了生命之旅，从她的身上我学到了许多。我感激上苍，让我身体里流淌着她的血，从骨子里都透露着她给我的一切，承继着她质朴而简单的性格。用她仅有的文化教导我，赋予我为人该有的善良和宽容。

母亲，你养我长大，我陪你返老还童，我是你永远的老小孩。

穿越千山万水的步履

闽北的九月，骄阳依旧飞扬跋扈，似乎还多了份闷热。我们一行六人怀揣敬仰和期待，驱车前往浙江江山和闽北一带，探寻三百八十三年前冯梦龙从苏州到寿宁担任知县，长达近三个月的赴任征途。

以六十一岁高龄被任命为寿宁县令，这对于冯梦龙来说，是一份“迟来的爱”。从政施展政治抱负，一直是冯梦龙的理想追求。在编纂“三言”时，他曾通过小说中一些清官的形象，寄托自己的政治理想。如《沈小霞相会出师表》中，他盛赞沈炼做得三任好县官：“吏肃唯遵法，官清不爱钱。豪强皆敛手，百姓尽安眠。”这正是冯梦龙对修明吏治的憧憬。然而，这一天似乎来得晚了。此时，大明王朝已然病入膏肓，他要去的寿宁地处偏远，六十一岁高龄出任县官，可谓，天不时，地不利，人不和。苏州到寿宁，远隔千山万水，对于一位文人，一位成长在富庶水乡的冯梦龙来说是一场巨大的挑战。此去，山水茫茫，一切都是未知的。

据考证，当时，从杭州到寿宁，有两条路可走，第一条是陆路前行，从苏州经浙江到寿宁。这条路翻山越岭，且路途十分遥远。第二条走的是水路结合的路途，经建宁府（建瓯）、政和到达寿宁。当时寿宁县归建宁府管辖，按明朝朝廷规定，县官要到府衙报到，经府署审核后，带上有府署印鉴的公文，方可走马上任。同时，这第二条水陆结合的路程较短。所以，当时冯梦龙必是选择第二条路线前往寿宁。

明崇祯七年（1634）五月下旬的一天，苏杭大运河上一支乌篷船驮着冯公，驮着冯公当官为民的理想，起程升帆。风雨相随，星月做伴，诗人必是感慨万分。从杭州乘船，冯公首先到达的是浙江的江山。江山历史悠久，地处浙闽赣三省交界，是浙江省西南门户和钱江源头之一。江山历史上共出过四百多位进士、十多位尚书、三位中共将军、六位院士，是“古有尚书、今多骄子”的江南宝地。到达江山后，冯公及其随从要翻过著名的仙霞岭，它是中原对接闽中的必经官道。仙霞山脉群峰连绵，危崖密布，山中有山，无路可寻。据说，当年日本侵略者的战马被这片山脉和险道惊吓住，只能返回，使这一带免遭扫荡。一千多年前黄巢起义军入闽，沿仙霞岭开山伐道七百里，成为著名的仙霞古道。古道设有仙霞关、枫岭关等九处。仙霞关被誉为“东南锁钥”“八闽咽喉”。此关地处浙闽赣三省交通要冲，《东舆纪要》载：“仙霞天险，仅容一马。至关，岭益陡峻。拾级而升，驾阁凌虚。登临奇旷，蹊径回曲，步步皆险。函关剑阁，仿佛可拟，诚天设之雄关也。”故为历代兵家必争之地。千百年来，许多骚人墨客在石道上踯躅咏叹。郁达夫曾在《仙霞纪险》中写道：“要看山水的曲折，要试车路的崎岖，要将性命和命运去拼拼，想尝尝生死关头，千钧一发的冒险异味的人，仙霞岭不可不到。”一路上，古道陡险，迂回曲折。我们一路挥汗登行，气息短促。因为炎热，游人并不多，清晰的鸟叫声与鞋底踩在石板上发出“啪、啪”的声响交织在一起，让整个山脊显得更加寂静，也让我的思绪更加飘荡。我轻轻地拾级而上，深情地寻找冯公的脚印。我知道四百年的风雨早已洗去这位花甲老人的脚印，但是，我确信他坚定地步履所踏响的声音就萦绕在这山岭之上，亲切地走向我们。

翻过仙霞岭到达浦城，冯公一行乘船由水路到达建瓯。建瓯是当时建宁府府衙驻地、建州州衙驻地。冯梦龙报到后，建宁府便派官员随同冯梦龙，由水路到达政和，再由政和经陆路到达寿宁。

政和到寿宁的这段陆路依旧艰难，甚至更加艰险。路上迂回曲折的九岭和陡峻的尤溪岭，“三支蜡烛过岩洞”的石门隘，对于历经了两个多月旅途奔波的花甲老人来说，无疑是雪上加霜。石门隘是从建宁府治取道政和县入寿宁县的必经之路。其实，石门隘是一个岩洞，洞很长，路从洞中通过，洞内光线昏暗，洞外山道沿溪蜿蜒，内侧则悬崖峭壁。冯公有《石门隘》诗一首：

削壁遮天半，扪萝未得门。
凿开山混沌，别有古乾坤。
锁岭居当要，临溪势觉尊。
笋舆肩侧过，犹恐碍云根。

诗人以“凿开山混沌，别有古乾坤”诗句写出这个政寿县界隘口的特点，同时，赞叹古代劳动人民创造的奇迹“削壁遮天半，扪萝未得门”，诗中也隐约流露出作者过此地时紧迫急切的心情。

近三个月的风雨兼程，明崇祯七年（1634）八月十一，冯公到达“地僻人难到”的寿宁。寿宁是个“山邑”，“踞一郡最高之处”“万山逶迤”，连县城也“囿万山之中”。但冯梦龙没有失望或颓废。到寿宁第二天就写下《纪云》诗，以明快的色调，通过那像莲花、似龙甲、如千重波浪的彩霞，抒发了自己思进取、欲有所作为的奋发向上的情怀。他十分珍惜这次难得的施展抱负的机会，开始了四年的小县治理历程。他积极践行自己“一意与民休息”的政治主张，“以勤补缺，以慈辅严，以廉代匮，做一分亦是一分功业，宽一分亦是一分恩惠”（《寿宁待志》卷下《官司》）的目标指向，为寿宁百姓办了不少实事、好事。当他届满返乡，一个“县少重囚”，监狱“时时尽空，不烦狱卒报平安”的寿宁（《寿宁待志》卷上《县治》）出现在明末。他以“政简刑清，首尚文学，遇民以恩，待士有礼”的作为和形象为寿宁百姓永远敬仰。冯公虽未能逆转天时，但他赢得了地利、人和。习近平总书记曾七次点赞冯梦龙。2000 年 7 月，时任福建省委副书记、省长的习近平同志接受《中华儿女》杂志采访，说：“像古时写《三言》的那个冯梦龙，到福建寿宁任知县时都快 60 岁了。那时候怎么去的寿宁？万重山啊，我们现在还不如古时候的士大夫。”“封建社会的官吏还讲究‘为官一任，造福一方’，我们共产党人不干点对人民有益的事情，说得过去吗?”至今，冯公创造的“人和”还被人们深深敬佩，绽放着光芒。

一座县城与一个文学巨匠，因了怎样的渊薮而相逢，何其幸焉，何其福也！一程踏过千山万水的步履，一段尽心尽力的艰难履职，一册穿越四百年光阴的《寿宁待志》，透过时空，我们看到了冯公的品质和精神。老梅标冷趣，我与尔同清，我们应常怀敬仰之心，永葆冯公精神，去跨越属于我们的千山万水。

匠心的守望

《诗经・小雅・伐木》有“伐木丁丁，鸟鸣嘤嘤”，说的是，西周的时候就有一位工匠，他在幽静深茂的森林里专心伐木，陪伴他的只有清脆的鸟鸣。每当读到这首诗，我的眼前就浮现出一辈子以手艺为生的父母亲。他们心无旁骛，专心致志，在漫长的时光里忍耐着冗长单一而进行劳作的形象，虽然渺小平凡，但定格在我的记忆里，成为我时刻怀念的画面。

中国是农业社会，在漫长的历史长河中，手艺人这个群体，以自己特有的方式，推动着历史前行。他们用一双双坚韧而灵巧的手，为时人创造了生活的便利，更为后人留下了数以万计的艺术宝物。在他们的身上，集中展示了我们中华民族定于一、专于一的工匠精神。

我的父亲是一位刻印师，靠自学和勤奋，成为一个全面的民间匠师。他能写一手漂亮的篆体、隶书，刻一手能与现在机器雕刻相媲美的印章，能画栩栩如生的国画。特别是他的剪字功夫更是一绝，人称“一刀剪”。“一刀剪”，即不用打底描红，一刀下去，方方正正的笔画相连的大楷字就出现在他的手上。在没有电脑打字的那些年代，街面上所有的宣传横幅上的字都是我父亲剪的。20 世纪 90 年代初，宁德地区电视台还专门拍了父亲剪字的过程，在电视台播放。

在现在很多人看来，篆刻纯粹是一件艺术活，但对于我父亲来说，它首先是一件养家活口的手艺活。篆刻是个要求极细致的活，使得是内力和暗力。那时没有现成的印章，印胚是父亲用黄杨木锯出来的。黄杨木木质异常坚韧，我曾尝试着去雕刻，划破了手指，也只是在黄杨木圆面上留下几道划横而已。父亲将印胚锯出来后，再用切刀切出圆、方或三角等形状，然后用磨砂布进行打磨。这个打磨的过程要用三种以上粗细不一的磨砂布，直至黄杨木圆润、光滑。在吃饭时间，我经常被母亲派去喊父亲吃饭，这并不是一件轻松活儿，因为父亲在雕刻的时候，一个字如果刻了一半，他是不会放下刻刀的。在旁边的我，忍着饿，不断叫着，但父亲完全沉静在他的雕刻世界里，根本不理会我。父亲从十六岁就开始学刻印，六七十年的时光，我的父亲就这样重复做这些活儿，从来没歇息过，直到他八十六岁，他还在操刀干活。我想，他所刻的印章、所剪的字大概能堆成一座山了。在我的印象中，父亲体质不好，十分怕冷。但是，即便是那些飘雪的时日，父亲依然在写着、刻着，不时地揉搓着僵硬的双手。儒雅、清瘦的父亲，一双手却是出奇的大而有力，长满着老茧，硬如木头。我喜欢站在父亲工作室的门口，看父亲的侧脸，那张脸棱角分明，非常俊朗。父亲离开我们已十几年了，但父亲那双大手所传递的如木质般纯朴而又坚韧的精神一直温暖着、鞭策着我。如今，翻开父亲留下的《水浒、百美姓氏印谱》，我感觉到了它们还带着父亲的温度和情怀，表达着独有的生命力！

我的母亲是一位裁缝师，她没有从师过，自学成“裁”。那时大家是穿大襟衣的，跟现在的直襟衣相比，技术含量高多了。母亲用了一大间的旧报纸学剪裁。大襟衣最难做的是盘扣，母亲说，为了学做盘扣，她通宵达旦，不知用了多少裁缝店捡来的边角料才学做出来。她日复一日地裁剪着那些布料，一针一线缝绣着，铺料，打样，设计，缝边，整烫，把一块块平淡无奇的料子做出中国衣服特有的味道来。衍边、挑边、盘扣，精细的针脚，妥帖的缝制，充满了手工的温度和温情，这是都是机器批量生产无法比拟的。

一盏枯灯一刻刀，一把标尺一把锉，构成一个匠人的全部世界。作为手艺人的父母，为了一门手艺打磨了一辈子，一辈子只做好一件事。有时，活儿不如客人意，客人还会大声斥责，我深切地感受到他们的辛苦，但他们从未在我们面前埋怨过命运的不公。他们一生都很卑微，但因为有一门专注的手艺，他们的世界变得简单而又丰富。格物致知，正心诚意，他们了解、钟爱手中的材质，顺意而为。当一件件作品诞生的时候，我想就是他们最幸福的时刻。而这时也是他们对这个世界最尊贵的表达，那些木头、布料也因他们有了灵魂。在每一个手工活中，他们从不省略，不做减法，不怕重复，他们用生命去契入，也用生命来呈现。

作为手艺人的父母亲，他们的工作，在历史的长河中可能只是瞬间，但在我的人生经历中却被定格为永恒。现在，随着时代的发展，许多手工已经逐渐被机械化所取代，但手工行业因与艺术相关，工匠被上升到了艺术家的高度。但是，不管是手工匠还是艺术家，值得我们称道的是在他们身上所体现出来的定于一、专于一的品质，那种面对茫茫生涯的坚韧不拔，是生命力连绵不绝的根源。中国当代文学大师、画家木心在他的诗歌《从前慢》里写道："从前的日色变得慢，车，马，邮件都慢，一生只够爱一个人。"是的，慢工出细活，手艺人一生只爱一件事，在爱中打磨，也在爱中忙碌。我们也唯有在爱中才能品读他们的作品以及他们的情怀。

现在，机器生产替代了许多手工劳动，但手艺人安身之本的工匠精神是不灭的。好学苦学、精益求精、厚积薄发，依然是各行各业所需要的精神。这种精神是我们立世的尊严所在，亦是社会品格、国家形象的荣耀写照。

时光里芳华的古镇

从岁月深处走来的，是日见消瘦的古镇。芳华在记忆深处的，是我永不寂寞的家园。远行的岁月，让悄然无踪的脚步声，定格成天荒地老的恋歌，将曾经的芳华咀嚼，义无反顾地揉进老镇的土墙黑瓦间。在这里，开拓勤勉的秉性，成就了一个属于斜滩人的时代。古道、古关隘、古巷和古民居，众多的历史遗迹和人文景观，沧桑中透着坚毅，描绘了一幅独具特色的江南古镇。

（一）

顺着四月温润的笑靥，踏着深浅不一的阳光，我在老镇斜滩，在幽静的街巷寻找记忆，寻找老镇芳华的岁月。

这是山花竞相浪漫的时节，老镇四周高耸的群山里，那些绿丛中花儿不时探出诱人的脸儿，笑对久未归家的女儿。这块美丽的家园，于我是一个必须仰望和忧思的地方。此时，站在龙江桥上极目四方，只见晨晖飘横，在那些树梢上发出粉色的光芒，使得寂廖的两岸有了几份激越的神情。千百年来，龙江水激情而来，在这里嬉戏逗留，又在下游坂尾深情回望，将这块河谷台地望成了平缓开阔的大沙滩，造就了美丽的江心岛屿“马濑浔”。南宋时期，福州知府梁克家在他所撰的《三山志》中，就有关于“长溪县永乐乡平溪里斜滩”的记载。斜滩的开化史与一只灵性忠犬有关。

明万历年间，本县茗溪一张姓商人南下经商，途经松林和芦苇交相生长的斜滩坂尾时，所随家犬东闻西看，任凭叫唤不肯离去，商人只好独身南下。数日后，返及原地，犬迎主人于近处，倍表亲热，只是仍流连该处不愿返故里，商人似有所悟，仔细察看邻近，但见临溪近水，视野辽阔，真是一个宜居的风水宝地。不久，他便举家迁徙至坂尾洋，开基创业。此后，郭家从大安蔡坑搬来，周家从平溪，卢家从信阳，陈家从南阳仔等处相继迁来，一个在寿宁历史上地位突出的古镇开始了艰难发展的历史。

龙江两岸山峦起伏，水运发达，直通赛江。当年，张姓商人选择在此地建立家园，世代繁衍，的确是看中这里便利的水运。在很长的时间里，无数南来北往的商船在这里抛锚扬帆。“岭势从天下，滩流委地斜。风烟团一市，竹木绕千家。夜剧村偶逢，春寒县闭衙。鲤灯今夕见，百里最繁华。”朗诵这首清朝寿宁县令宋际春的诗，我仿佛看见了龙江上船帆点点，水波激荡。据有关资料记载，斜滩最早的商业开始于明万历年间，徽商洪足国等人泛九舟至斜滩，较大规模地为寿宁运送食盐，并于次年建官盐库。清中叶至 1949 年前，是斜滩的鼎盛时期。当时寿宁县内及政和、庆元、景宁、泰顺、周宁等县的茶叶、桐榛油和粮食等大宗货物都肩挑到斜滩装船起运；沿海的鱼、盐、棉布及南北杂货，由船运至斜滩，而后分五条路线，分别肩挑至上述地区。水运鼎盛时期，货运船多达200艘，船夫船工有400多人。全镇坐商150余家。光茶叶一项，每年经由斜滩销往外地的茶叶多达四万担，有的直接出口远销到南洋诸国及西欧等地。拥有谦受益、周源丰、万春堂、万福来等商舍100多家，货物远销东南亚、香港等地。名声在外的有最早经营西药的大德生药店、最大的制伞业商家王裕大、最大的茶叶精制业商家周源丰。为此斜滩也赢得了“闽东小上海”的美誉，成为闽东最大的贸易中心。福安一带的古书上都称斜滩为“斜滩槽”，可见，斜滩的水运历史之悠久。

古镇简约明了，一条一千多米的老街，与龙江并肩，依水而行。记得大学毕业回二中任教，住在河对岸的民房里。那时，我喜欢在傍晚，静静地坐在庭院的门前，远望对岸一排吊脚楼在夕阳下的风姿。金色柔和的夕阳照在紧紧相连的高低不一的楼房上，点点灯火竞相亮起，江面波光粼粼。吊脚楼在隐约中闪烁着，恰似一幅流动的山水画。斜滩的吊脚楼面向老街，背临江水，一根根并不粗壮的杉杆立在江中，任凭江浪冲击，支撑着木楼，风风雨雨上百年。如今，吊脚楼已不复存在，但它作为一种特色民居，勾勒出古镇一道美丽的风景线，印刻在许许多多斜滩人的记忆中。

老街坂头方向五十米长的距离，依次站立着一排老榕树，静静地坚守着古镇繁华抑或日渐衰落的岁月。透过树杈的光斑，我仿佛看到了古镇厚重的时光，我确信这些由老枝的褶皱里露着头的小草、青苔深情呼唤的岁月，依然是我们命中注定的牵挂。

（二）

老榕万褶，龙江千转。枕着流水的记忆，宁谧而深邃的小巷身披长衫，依旧从容优雅。我踏上光滑的石板台阶，在以姓氏命名的何家巷、周家巷、郭家里等小曲巷里千回百转，走过一个个飞檐下的院落，抬头凝听青瓦灰砖上那些远去岁月的语言，虔诚地低下头，心中升腾着敬慕和感激。160余座占地面积达33349.1平方米的明清古宅就静静立在这块土地上，高高的马头墙下，厝厝相连，比肩接踵，门门相通。岁月荡涤了它们光鲜的容颜，但其雍容华贵的内在，还在向世人诉说着曾经的兴盛与繁华。

斜滩的古民居，规模宏大，布局精巧，是典型的明清时期建筑风格。众多的古民居中，最经典的当数郭公木故居、郭家大宅、卢家“进士第”和何家“大夫第”等。这些民居都是封山顶，对称格局，中间厅堂，两侧厢房。牌楼式门脸装饰、神龛、梁柱雕饰、门窗雕饰、彩绘、壁照、牌匾、封火墙、雕楼，从土墙到瓦砾，从画栋到雕梁，从石刻到木刻，从古井到火箱，每一处意象都诠释着不同的生命本真。多数民居集名人故居、官僚豪宅、神宫庙宇、传统商铺、特色民居于一体。视野可及之处，飞之檐、翘之角、雕之饰，把古镇辉煌的历史印迹镌刻在木、石的图腾里。驻足天井，看天井和回廊相连，抬头仰望天空，阳光或雨露从天井上倾泻而来，人们可以尽情享受上天赐予的恩惠。我不禁感慨万分，这不就是深入中华民族血液里天人合一的儒家思想的诠释吗?

一座座老屋深情地目送着，我拖着自己越来越长的影子，凝重而拘谨地向前走。我不敢回头，深情地期盼那些必然抑或偶然的相遇，在此成为永恒。

（三）

张发建先生在他的《斜滩往事——寻找那丢失的灵魂》有这样一句话："翻阅各种记忆斜滩的文字，都会看到卢何周郭四大家族的荣耀与辉煌，但如果你沉下心来，细细品味四大家族的历史，就会发现高之于官宦和才情的，却是他们的风骨。"是的，踏上这片土地，你会感受到一种气场包围着你。如果说斜滩的文化触点，是因商业繁华而兴旺一时的古渡文化的话，那么，崇文尚学的深厚传统更让后人推崇。这个因交通、商业而繁荣起来的古镇，从来没有忘记自身文化和灵魂的塑造。积善乡里，诗礼传家，这是这座古镇一直为人们津津乐道的原因。1955 年，时任福建省文史馆馆员的原福建学院院长郭公木先生在《乡忆》中写道："何家巷辈出的人才是古镇斜滩的一个渊薮，其地位盖于寿宁乃至闽东，为标志斜滩厚重的人文烙上历史的印钤。"是的，大义、善为从来都是这些永恒灵魂的标杆。据载，斜滩明代就有塾师，清雍正二年（1724）斜滩设立社学。古镇名人秀士、军政要员、专家学者层出不穷，各领风骚，为中华近代史写下了灿烂的一页。清代就有卢赞虞等七人考取进士、举人。民国有不顾个人安危、坚持正义，让“鲍案”中鲍妻等四人获得自由的北京高等审判厅刑事庭庭长何隽；有治军严格、治家有方，为官期间除薪金外不妄取分文，经常接济贫困亲友的国民政府骑兵少将周孝培；有满腹才华同情支持共产党的福建学院院长、国大代表、立法委员郭公木；有才学横溢、备受好评的国民党中党委、“国大”秘书长何宜武，著名科学家何宜慈；有“偶帝”之称的著名爱国诗人、教育家卢少洲……

而自从 1977 年高考恢复以来，古镇籍学子中就有两百多人获得博士、硕士学位，是名副其实的“研究生之乡”。

（四）

“百里不同风，千里不同俗”，一座城镇，最容易让人们记住的是它独特的民俗。伴随着商业的发展，斜滩人在生产生活中积淀了独具地域特色的民俗风情，展现了斜滩人的精神、品格和信念。在这里，除了以“独唱、对唱、齐唱”等形式闻名的畲族民歌，以“柔软润滑，平如水镜，轻如罗绡”而饮誉闽东的斜滩苎麻手工织布外，当属斜滩“铁技”技艺、赶墟文化和美食文化最为出名。

独特的水乡气质，氤氲着斜滩人的智慧。传统的高跷艺术与迎奶娘神信仰相组合，成就了有景有戏的“台阁”，诞生了富有个性特色的台阁铁枝文化。台阁铁枝，又称“搬铁枝”。相传明代后期，斜滩民间即有迎春接福的游神民俗活动。据斜滩《卢氏家乘》记载，清乾隆五十三年(1788) 农历正月十三至十五元宵节，为祈保风调雨顺、四季平安，斜滩举行规模盛大的“迎奶娘”活动。由当地“铁枝队”艺人扎扮好上装奶娘神，安放在四方台阁上的“神船”，由四至六人抬着行走，并配合锣鼓唢呐乐器、龙伞旗幡队伍，浩浩荡荡周游过市，所到之处，善男信女鸣炮烧香膜拜，热闹异常。此后，约定俗成，于每年的正月十三，斜滩都举行“搬铁枝”“迎奶娘”的传统民俗活动，成为闽东地区颇有影响的民间节俗活动之一，至今已有两百多年。台阁铁枝从安放装奶娘神的“神船”逐渐演变而来的，成了有景有戏的“台阁”。艺人巧匠仿照高跷，采取铁杆支承结构，配上 12 至 14 岁的一个少男和两个少女，分别坐立于台阁铁架之上，似如凌空。表演者身着戏装，化妆脸谱，塑造成需要的人物形象。台阁的这部分就专称“铁枝”。铁枝是以铁杆凌空载人装置。它将铁杆巧妙掩饰，令人莫测机关，叫作“过机”。既要看去显得自然，又要符合力学原理，似险不险。为此能工巧匠们煞费心思设计和加工制作。改革开放以来，台阁铁枝作为一种民俗文化娱乐活动，在内容和形式上又得到了创新。《孙悟空三打白骨精》《智取威虎山》《八仙过海》等戏剧题材的铁枝，博得了群众的热烈欢迎；在形式上，台阁铁枝变成台阁铁枝彩车，配上灯光、音响、道具、布景等，人们把传统的文化与现代技术相融合，使得台阁铁枝这朵民俗文化奇葩在斜滩光芒四射。

如果说发展是时代的必然，那么保留着传统、结着乡愁的斜滩墟日，为我们保留了浓浓的乡土情怀。自明末清初开始，每年农历正月十三，为斜滩一年一度的传统“迎神会”和赶墟日。也是斜滩过春节系列活动中的一个重要活动日。那一天，坂头大帝宫和坂尾圣母宫早就打扮一番，门前各竖“火树”一棵。“火树”用大毛竹劈成长长的一条一条竹片，圈成直径1.5米、高10米的竹笼，中置柴片20多担。同时各大商号为祝愿新年生意兴隆，制作了大红色蜡烛置神座前待点燃。来自全县各地的赶集群众，肩挑手提各种农副产品及其他日用品来交流，摆满了街市两旁。此外，大街上还有平时难以吃到的各种特色小吃。大街店铺设迎神供席，排列许多奇珍古玩。

清晨，神宫内抬出神像，伴随古装高跷、台阁铁枝、花船、龙狮舞队、“鼓手班”、神铳队，巡村游行一周，人流如潮，水泄不通。集会晚间点燃火树，与烛光交相辉映，火炮烟花此起彼伏，绽放夜空，五彩缤纷。集会直至元宵后才散。新中国成立后，“迎神会”被废止，“交流”日仍然保留。改革开放后，随着商品经济的进一步发展，境内于1983年4月开始，将原有每年一天“交流”日增至每月两天，时间为农历每月的十三日与二十五日。

斜滩的墟日是热闹的，只要你亲临其中，徜徉在喧闹的墟日里，你会看到从十里八乡赶来的乡亲们简单快乐的笑脸。每当墟日，以农产品、家禽、中草药等为主的商品，琳琅满目，甚至还有一些远道而来卖艺的，千奇百怪的物品都会趁墟日的机会来觅寻商机。墟日期间，前来趁墟的人把街道挤得水泄不通，到处人碰人、人挤人。有些阿姐、阿婶出售的物品并不多，但能以此为借口，在这人山人海的墟日凑一把热闹，也是幸福的。随着时代变迁，传统的墟日已不复昔日的繁华和昌盛。但正是这些传统墟日，在一定程度上保留了斜滩悠远古老的浓浓韵味。

品味斜滩，你一定要去品品斜滩的美食。处于水运中心的斜滩，繁华的商业孕育了独特的美食文化。从日常的零食糕点、年糖年饼到喜宴佳肴，斜滩人都虔诚地将它们制作得十分精美。在斜滩人心中，这些不仅仅是食物，而是一种生活状态或是一种思想的体现。最值得称道的是斜滩人的“软寿宴”“佳期桌”。“软寿宴”是女儿、女婿在春节期间宴请岳父、岳母的礼宴。“软寿宴”的所有菜肴都是女儿女婿准备的。菜肴之精到、精致，堪称一绝。家境好的，所上菜肴多至二十道。而斜滩人儿子结婚时的“佳期桌”也是精美绝伦。“佳期桌”必须放在楼上，叫“上楼”。上桌的是舅舅、姑丈等至亲。“佳期桌”从晚上七八点开始，一直持续到第二天早上，所上菜肴多达三十道，期间还有甜点、水果轮番上桌，可谓口不停顿，眼花缭乱。在这些“软寿宴”“佳期桌”上，斜滩人把自己的美食文化推到了一个新的高度，堪称闽东美食文化的代表。

而斜滩的零食最出名的莫过于七层糕和油浸枣了。七层糕，出现于清末，在斜滩古码头上是最受欢迎的零食之一。首先，将大米泡发，磨成米浆，加入红糖炊熟后便是七层糕红色部分，白色层则是加入白糖的米浆炊熟的，做时需一层接一层依次炊，每层厚约 1 厘米，直至第七层封顶，再洒上芝麻，整个工序完成需两个小时左右，制好后外用毛巾覆上摆上街头叫卖，出售时用刀块切成菱形小块，外形美观，味美价廉，深受人们欢迎。

油浸枣是斜滩最受欢迎的小吃之一，流传至今约两百年，为过年、过节招待宾客的食品之一。“油浸枣”并非青枣、红枣之类，而是由山粉、葡萄糖粉、白糖、猪油、芝麻、芝麻油、人参汤等十几种原料，通过手工制作而成的。油浸枣外形像枣，外皮也呈枣红色，口感酥滑，入口即化，深受百姓喜欢。传说，油浸枣本是有钱人家茶余饭后的一种休闲食品，普通百姓是享受不起的。当时，郭姓的一位小伙子到地主家做长工。小伙子勤奋、诚实，并与地主家的小姐相爱。在经过了几番曲折之后，两人结婚了。爱吃油浸枣并掌握了制作技艺的小姐，将油浸枣制作技艺告诉了小伙子。两人开了一间油浸枣店，他们的油浸枣是全码头全好吃的。两人生儿育女，过着幸福的生活。这个故事成为斜滩的一段佳话，而流传开来的油浸枣也有了它美丽的含义：幸福和相爱。现在，这座古镇还保留传承着这一传统美食技艺。也许，哪一天幸运的你还会品尝到这一美食。

这就是古镇斜滩，她既辉映着曾经的辉煌，也承载着时间磨去芳华的无奈。如今的龙江河畔已没有了往昔的喧嚣，当年繁华的龙江两岸早已舟横锚弃。此刻，也许只有同月色一起滑入夜的静寂，才能真切地感受到斜滩文化跃动的脉搏，才能体会到精神上的皈依，以及血脉里奔腾的思念。

下党的诗意年华

阳光朗朗地披洒在这方山山水水上。静静行走在与下党溪比肩并行的公路上，抬望天空、葱林、翠竹，聆听水声、鸟语、虫鸣，如入桃源之境。下党，这块沧桑巨变的热土，正向人们展示其自内而外的闪亮质地。

（一）

下党，又名党川，依山而建，面临母亲河下党溪，古朴的房屋高低错落，一致都迎着阳光，顶着金色的光芒。习近平总书记在闽工作期间，曾三次来到下党，访贫问苦，现场办公，解决问题，推动下党摆脱贫困。下党乡的徒步调研，正是习近平所倡导的“现场办公下基层”的起点，随后逐步建立了“四下基层”工作制度。三进下党，是习近平同志心系贫困地区发展的一个缩影。现在，走访赴基层，办公在现场，已成为广大干部工作作风的常态。习近平同志倡导的“滴水穿石、久久为功”的理论和思想，像金色的阳光洒满闽东大地，成为广大人民谋发展谋幸福的动力和精神力量。这些年来，下党广大干部群众牢记习总书记的深情厚望，发扬滴水穿石、弱鸟先飞、以干得助、久久为功的“下党精神”，找准路子，摆脱贫困。许许多多的进乡驻村干部翻山越岭，与群众同奔在脱贫路上。下党，这个曾经的“无公路、无自来水、无照明电、无财政收入、无政府办公场所”的“五无”乡镇，已实现了华丽转变。

下党历史悠久厚重，八百多年前就有先民在这块土地上繁衍生息，创造了灿烂的文明。美丽的饭甑岩、三尖岩、狮子岩传说、莲花山的历史传奇、康师二智退长毛贼、杨碧仁善良智慧等众多传说和故事，表现了下党劳动人民的思想感情与美好愿望，彰显了智慧和丰富的想象力。“百口同居”“王夫人智分黄梨”的故事更是为人们津津乐道，国学生王国桢家族的孝悌忠信、和睦有序的事迹千载扬芳。如今，在下党王氏祠堂里，清朝道光年间知府大人钦赐的“百口同居”“五代同堂”金字大匾依然熠熠生辉，备受后世推崇和敬仰。

（二）

乡村的树，极具灵气。冠盖亭亭，嘉木葱葱，修竹纤纤，这是一个乡村人丁兴旺、日子红火的象征。在浓浓的绿意里呼吸着清香的空气，等待枫叶红，这是一种浪漫，也是一种希望。走进下党，你会发现下党的品质始终保持淳朴。在下党，那些不知名而年代久远的灌木总是浮现在你记忆中。有人说树木的记忆，能在记忆里生根。是的，树，是乡村的希望，是游子的根。这些年来，下党干部群众牢记习近平同志“绿水青山就是金山银山”的重要讲话精神，精心保护着下党的一草一木，保护着生态青山。让人欣喜的还有山腰上郁郁葱葱的茶树。绵延的茶田叠翠，一垄垄葱葱茏茏，每逢清明时节后，茶叶便开始抽嫩，那冒出的嫩芽争先恐后地生长，微风吹过，整个山乡都弥漫着缕缕沁人心脾的茶木香。

而最能代表下党“木质”品质的莫过于鸾峰桥了。

缪旭照先生在《廊桥吟》里这样吟诵鸾峰桥：“鸟瞰鸾峰玉带飘，御风遮雨仰清标。若将贯木拱桥论，天下无桥长此桥。南来北往百余年，桥下仙岩证夙缘。犹记当时从此过，清流泻雪雪花旋。”鸾峰桥造于清嘉庆五年，是寿宁木拱廊桥中最为壮观的一座廊桥。它横跨地势险要的下党溪两岸，因其中间高，两头低，似腾飞的巨鸾，而得名鸾峰桥。桥长 47.6 米，宽 4.9 米，孔跨 37.6 米，这是现存世界上单孔跨度最长的廊桥。1989 年 7 月 19 日，时任宁德地委书记的习近平同志一行顶着烈日，跋山涉水，徒步两个多小时来到下党考察，就是在鸾峰桥现场办公。在认真听取乡党委工作汇报后，他说下党乡条件很差，干部群众工作很苦，并要求同行的地直部门、寿宁县负责人优先考虑下党的建设发展，在政策上给予倾斜，在资金上大力支持，解决实际困难。三次艰苦、难忘的下党之行，下党成了习近平心中的牵挂，鸾峰桥成了习近平同志指导下党脱贫发展最好的历史见证。

在下党村东南方向的山冈上耸立着一座木架结构的三层阁楼，它就是寿宁境内现存较早的下党文昌阁。阁为八角形，翘角重檐，葫芦攒尖顶，檐角刹顶配以色彩雕刻，显得壮观美丽。它与鸾峰桥遥相对望，一桥一阁，以木的初心，共守乡土。

（三）

天生秀水，水养骨髓。下党山多，泉水也多，清清的泉水从千涧万壑中来，一路欢歌，奔往下党的母亲河——下党溪。下党溪溪面不宽，但清澈如镜，两面青山绿树映影其间，形成山、水、天一体，青、绿、蓝共聚的美景。随着山势，小溪弯曲变化，溪鱼畅游。下党溪的鱼，肉质鲜嫩，且少腥质。让人惊叹的是下党溪清粼粼的水。你看，水汽氤氲，水碧如玉，站在溪边，你不时会看到白鹅们自在悠游的身姿。捡起一块石子投进河里，顿时激起了一层层涟漪，一圈圈荡漾开来。而印象最深的莫过于少年们在水中尽情玩耍的场景。各种游泳姿势应有尽有，或蛙泳，或狗刨，笑声、喊声响彻河面，热闹得很。

行走在进乡公路上，你会发现路边的几处小泉眼，放有一把木瓢或瓷杯，路过者累了渴了，拿杯舀水，一气牛饮，山泉甘洌，润泽心田，所有的疲倦便一扫而光。用下党的泉水蒸泡出来的草药汤，解暑润喉。当年习近平同志一行经过了两个多小时的徒步跋涉来到下党时，乡里的百姓就用当地的解暑草药山苍籽、鱼腥草等熬制的草药汤给大伙儿解暑。习总书记喝着村民们送上的解暑茶，感动地说，这茶水真好喝，大家辛苦了。

（四）

每到五月，映山红总是不畏高山深处的霜雪严寒，开放在那些绿树丛中，如霞似锦，热烈奔放。它们是革命先辈永不凋谢的理想信念，象征着下党红色精神代代传承。红是火的代表色，红色文化是下党一面靓丽的旗帜。下党有着光荣的革命传统，全乡有老区村 23 个，当年叶飞、范式人、陈挺等领导的闽东游击队，左丰美、陈贵芳、张翼、池云宝等领导的闽北游击队，曾先后在这一带与敌人周旋了十多年。20 世纪 30 年代，中国工农红军北上抗日先遣队在粟裕、刘英等人的率领下，进入闽东，到达寿宁平溪、上屏峰、上党、下党、石曹坑一带，宣讲党的方针政策、抗日主张，宣传发动群众，播撒革命种子。解放战争后期，时任中共寿宁第三区委书记李鸿儒血洒下党七宝岗，为寿宁革命的胜利献出了宝贵的生命。下党的大森林是游击队有利的活动场所，下党的人民群众是游击队可靠的支持力量。这里的每一个村庄几乎都燃烧过红色的革命火种，留下了许多可歌可泣的动人故事。在上党村溪源头自然村的深山之中，至今仍隐藏着一个当年红军游击队住过的山洞，当地群众亲切地称之为“红军洞”。站在远处眺望，山洞四周灌木丛生，苍松摇曳，但仍然依稀可辨。站在洞口，你仿佛看到了那个血雨腥风年代里革命者的英勇风姿，听到了他们激昂的声音还响彻在这群山之中。

抗日战争时期，下党王氏家族积极响应时任寿宁县县长郭振华的号召，节衣缩食，简化家族祭祖活动，将所有族田、墓田的田租全部捐出，还预收了三年田租，募得近600块银元，加上在外族亲寄回的120多块银元，共捐献了720块银元。县长得知募捐经过深受感动，题匾“功在家国”，嘉奖王氏家族火热的家国情怀。

1989年7月，下党发生了特大洪灾，在抗洪救灾中，杨尚利、杨尚全、杨尚标三兄弟临危不惧，挺身救洪，为保护公物，杨尚利、杨尚全因公殉职。他们用实际行动彰显了下党人火热的忠诚本色和担当品质。

现在，许许多多的干部群众纷纷来到下党，重走习近平走过的路，参观“下党乡党性教育基地”“难忘下党”展示馆，感受习近平同志任宁德地委书记时“三进下党”的经历，感念习近平同志亲力亲为、与民同乐的形象。下党成为党性教育基地，成为寿宁红色旅游新地标。

（五）

下党位于洞宫山脉的东端，这里山高岭深，土质黏稠，百姓们就用这种泥土在较为平缓的山坡上垒起土木屋。土屋一座挨着一座连成胡同，连成了不可分割的血脉。下党的历史和文化，就是在这片热土上，经风霜抗雨打，在漫长进程中渐渐积淀起来的，平凡而温馨。如今，带着泥香土味的土墙越来越少了，但土墙文明的气息依然留存在乡村里，让人回味，令人怀想。为留住乡愁，留住了这方乡土风情，下党人因势利导，把留存的老土屋改造成“下乡的味道”“百口同居”等农家乐，让土屋土墙“古为今用”，为充满希望的下党增光添彩。

土地是农家的宝贝，春种、夏耘、秋收、冬藏，农家人用汗水与土地亲近，土地用果实加以回报。在下党这块土地上生活着王、杨、吴、沈等姓氏子民，他们开荒种地，繁衍生息。这里山绿水清，山间云雾环绕，土壤富含硒、锌等微量元素，具备良好的农作物特别是脐橙、锥栗、高山茶的生长环境。近年来，下党牢记习总书记“像保护大熊猫一样保护耕地”的重要指示，深情守护着每一块土地，利用优越的生态环境，整合资源，发展旅游业、茶产业。下党干部群众合心发力，将原来一家家零散的茶园进行整合，利用互联网和物联网技术，首创全国第一个扶贫定制茶园，实现了“茶园与茶杯”的直接对接。定制、可视、互联网+物联网，让下党的土地越来越焕发出活力。家乡的发展，也吸引大批外出务工人员和大学生返回故土，开创事业。

这就是下党，水灵而夺目，翠亮而苍劲。此刻，田野里翠绿的禾是最暖人心的颜色，那些高耸的峰峦不时羞红着脸向你微笑着，鸟儿热情优雅地站在电线杆上为你唱着歌儿。你会一步一回头，留恋这山这水。

“爱尔登”先生

带着追忆，我又一次回到了斜滩。站立龙江大桥，两岸那些有年代的吊脚楼依旧临水而立，用它们的沧桑、斑驳的爱情浸染着龙江。或近或远的灯火闪着神秘的气息，如水的月光，温柔地倾泻，桥下水波粼粼，粼粼的还有我思念伯父卢少洲的情怀。龙江水悠悠东去，少洲风骨、少洲风度依然在斜滩的记忆中，在闽东的记忆中。

伯父卢少洲出生书香门第，曾祖父卢金绮、祖父卢赞虞、父亲卢鸿均为知县，祖孙一门三知县，一时在寿宁传为佳话。伯父天资聪颖，有过目不忘之记忆力。19 岁以优秀的成绩毕业于省立工业专科学校土木科。1915 年在福建省经界局招考中获第一名的好成绩。曾先后任交通部主事、福建省洲田委员、三沙海关关长等职。1916 年，伯父到福州市爱尔登酒楼饮酒，趁酒兴题下“衫履飘萧近野僧，三层阁子九华灯。当炉应解临邛意，爱尔才登爱尔登”七绝一首，被广为传颂，名噪一时。此后，人们亦以“爱尔登”称呼伯父，很少有人知道他的原名。

1937 年伯父赴新加坡任致用学校校长，侨居南洋达 27 年。历任新加坡、诗巫、沙罗越、垦洲、实兆远等 10 所中学教师、校长及大学的讲师、教授等职务。办学成绩卓著，屡受表彰。期间，积极参与社会活动，组织诗文社，为增进中外文化交流，做出了重要贡献。

伯父还是一位热情的爱国者。“九一八”事变发生后，他发表律诗《九一八》愤怒声讨日本的侵略行径；作《金陵恨》，痛悼南京陷落；作《筹赈宣言》，赠福宁同乡会，激发侨胞的抗敌精神，支援祖国人民抗战。伯父还与福建名流萨镇冰、郁达夫、谢侠逊和诗唱酬，共抒爱国抗日之情。1945 年 8 月 15 日日本天皇宣布无条件投降，日本在中国、东南亚的侵略军纷纷放下战刀，公开宣布投降。新加坡的日本投降书就是由伯父翻译的。当时，日方想给伯父报酬，伯父拒绝了。朋友们都说他傻，他说，我不能要日方的赠予，我能翻译日本的投降书，已经很高兴了，这是中国和东南亚人民英勇抗战的成果。1947 年至 1949 年，英国女皇伊丽莎白先后举行大婚和加冕典礼，伯父代表星州各界，以诗为颂，两次都得到了英国女皇的修书致谢。

伯父平时爱作联对，联对新颖巧妙，堪称一绝。任交通部主事时认识了小凤仙，伯父欣赏小凤仙的才情，送她一副手书联对：

小花嫩草玲珑馆；凤翥鸾翔绰约仙。

凤仙极为喜欢，将自己至爱的“山高月小”“水落石出”两枚古印章送给伯父，作为谢礼。

1925 年 3 月，福州市各界举行孙中山先生追悼大会，福州诗人何振岱用陈子昂诗句“前无古人，后无来者”为上联，伯父用文天祥《正气歌》中的“下为河岳，上为日星”予对，贴切无比，赞声四起。

民国二十年（1931），电影皇后胡蝶来闽，知福州有“偶帝”，一经品题，便增身价，于是托人向伯父索要嵌名联，伯父为她写的联对是：

胡床斜倚张灯后；蝶梦微酣被酒初。

民国二十五年（1936），文豪郁达夫来闽任省府参议、公报室主任，伯父亦赠联曰：

不倚真贤达；无私即丈夫。

民国二十六年（1937），抗日战争爆发，伯父一家迁返斜滩，伯父接受新加坡致用学校邀请到新加坡任该校校长，临行前为福州会馆题联曰：

福国本无他，发扬前线光荣，莫忘武毅精神，文忠肝胆；州人齐记取，充实后方力量，再谈三山风月，双塔云烟。

武毅乃戚继光谥号，明末抗倭名将。文忠乃林则徐谥号，清道光时，焚鸦片抗英夷名臣。三山双塔，皆在福州。

1963年，伯父辞职回国，先后写下《纪萝》《归国》《秋霁》《题〈福建画报·斜滩春色〉》《贺寿宁诗社成立》

《庆祝建国四十周年》《庆祝全国政协成立四十周年》等许多脍炙人口的名篇，至今仍为人们所传颂。

伯父是一位性情中人，以礼待人，有时竟到迂腐的程度。从南洋回国后，他和儿子卢红伽生活艰苦，便在后院种植一些瓜果蔬菜。从来未做过农活的父子俩笨拙地捣弄着那块菜地。俗话说得好，人面无情，土面有情，父子俩的菜地也长出丰绿的瓜果蔬菜。可等到收获的时候，总是寥寥无几，因为喜欢占小便宜的邻居经常光顾他们的菜园。大家劝他们用荆棘将菜地围起来以防偷盗，伯父却说，瓜果蔬菜长自自然，围之，岂不是囚之，不可不可。所以，他们种菜总是种得多，收得少，可父子俩总是乐在其中。1963 年伯父回国时，刚下轮船，一青年上前热情地要帮助伯父提行李，对人毫无防备之心的伯父把行李交给了他，可一转眼，那人便不见了。那里面有伯父旅居南洋 27 年的积蓄，更让伯父心痛的是，里面有他多年的创作手稿。双手空空的伯父回到斜滩，很少与外人谈及此事。族亲们暗地里曾议论说伯父大手大脚生活，所以没能留下积蓄。多年以后，当我父亲问及他在南洋生活时，他才向我父亲讲述这段经历。在旅居南洋的时候，善良温和的伯父结交了很多肝胆相照的朋友。回国后，与这些朋友仍有书信往来。在那动乱的年代里，伯父一家人过得很清贫，这些南洋朋友不时地会寄一些钱来补济他们。有一次，新加坡的朋友来信说不知地瓜米为何物，伯父和儿子卢红伽觉得用文字难以表达，就在信里装了一小袋地瓜米寄往新加坡，被海关拦截，卢红伽被判定为里通外国的现行反革命，判刑二十年。直至 20 世纪 80 年代初，在牢中度过了十五年的卢红伽才被平反昭雪。我想，没有人能知道他们内心的孤独和痛苦。改革开放后，寿宁县人民政府给予伯父多方的照顾和肯定。1984 年，伯父被选为寿宁县政协委员，耄耋之年，还在为祖国的统一事业奔走呼吁。

我与伯父相处的时间不长，却有着特殊的感情。大学毕业，我回到二中任教。由于是刚毕业，忙于教学，但更多的是像徐锦斌先生所说，是少不更事，我未能经常去陪伴耄耋之年的伯父。但与伯父相处的时光，让人感到温暖、快乐。伯父喜欢吃御豆，我回城关会买上几斤，带点红酒，到伯父家里坐坐。记忆中的伯父温良谦和，十分睿智，记忆力极好，从少小时期的顽皮之事到在新加坡时经历的事，他都清晰地记得，娓娓地向你道来。回望"文革"那段历史时，伯父表现出博大的胸怀，对于轻慢、辱没他的人，心中无怨恨，只有宽恕。"宽恕"两字包含着人生的大道至理，它不仅是一种胸怀，更是一种人生的境界。

有人叫伯父为"趣人"，我想伯父的"趣"就在于他的风骨、他的风度。这种风骨、这种风度就在于伯父倾心追求的是生命的本真。那是知识分子对国家、对时代的一种担当、一份热忱，是对身边人们的温良、慈善和豁达。如今站在这曾经繁华的大桥上，一种"人事凋零，古迹日损"的感伤与失落在我心里弥漫着，久久未能散去。但我相信，凋零的是人事，永恒的是那些珍贵的精神，那些让人敬仰的纯粹的风骨和风度。

叶落 鲸落

广阔的原野，秋意弥漫。这时，我们去旷远的风野，感受叶落临风而舞的曼妙，感恩叶落带给大地奢华的馈赠和最原始的浪漫。

在海边的人们都知道，当一条鲸鱼在海洋中死去的时候，庞大的尸体会慢慢地沉入海底，90%以上软组织会成为无数物种的飨宴。鲸骨体形巨大，富含脂类，分解又十分缓慢，一头大型鲸可以维持上百种无脊椎动物长达几十年甚至上百年。鲸鱼就是这样用死亡创造出一套完整的、可以维持上百种无脊椎动物生存几十年甚至上百年的生态系统，成为孤独海洋里最温暖的“绿洲”，这是鲸鱼用它的坟墓，创造出的来自深海的温暖。生物学家赋予这个悲壮的过程一个名字，叫“鲸落”。

如果说，鲸落是海洋上最慷慨、最美丽的死亡。那么，叶落就是大地上最奢华、最平凡的轮回。万千落叶化为养分，滋养大地，“一叶落而知天下秋”，这又何尝不是一种勤耕的喜报呢？

鲸落之美，美在雄浑，美在气势的厚重。叶落之美，美在轻盈，美在色彩的变幻，从春天的嫩绿到夏天的茂盛，再到秋天的浓艳，抑或是冬天的灰寂，叶子从不错过每一段时光的精彩，从不错过呈现给人类一场无与伦比的视觉盛筵。是鲸落、叶落的乐观，把似乎悲凉的飘落，变得如此潇洒灿烂。

鲸落之美，美在惊涛骇浪。叶落之美，美在缤纷飘逸。飘落时刻，鲸接受了水的诚意，庞大的身躯投入海底，从容而壮烈。飘落时刻，叶接受了风的盛情，纵身投入了大地的怀抱，晕染了山野。万千的落叶在风中追逐嬉戏，如飘忽的云，似飞舞的雪，若彩色的蝶。叶落就是这样将自己的生命之舞放纵成乐章，涅槃成仙境。

鲸落之美，美在希望的升腾。当鲸巨大的躯体深入海底时，给许许多多海洋物种带来了希望，建起了一个深海之中的绿洲。叶落之美，美在化作春泥的情怀，美在叶儿铺满大地时的那种温馨。叶落了，回归了大地，暗香如故，成泥若芬，平凡亦永恒。叶落不仅旖旎了秋冬，也滋养了一方土地。落进母亲的怀抱，落到根的身上，化作粪土、化作春泥也要护根，给根以温暖，给根以营养，回报母亲。“秋气堪悲未必然，轻寒正是可人天。绿池落尽红蕖却，荷叶犹开最小钱。”是的，叶落飘零，一个旧的生命结束了，但一个新的生命又开始星火不灭，生生不息，这是一个循环往复的过程，生命轮回如此多彩，如此魅力无穷。我想，海洋因了鲸落，而有了生命的绿洲，而植物界因为有了这片片的叶落成泥，才有了生命的茂盛，才有了年复一年的开花、结果。

鲸落，逝去一条安静生命在海里，诞生一座喧闹岛屿在海底。叶落，逝去无数绿精灵在空中，诞生无数繁华于一地。鲸落、叶落，都在向我们展示生命的传递之美，都在昭示走向重生的轮回之美。静谧天穹，苍茫大地，蔚蓝海洋，都有许许多多变幻莫测的轮回巨变，有许许多多蓬勃生命的沧海桑田，人类何尝不是如此呢？在浩瀚的历史长河中，人类也如鲸落，似叶落。无数伟大的抑或平凡的人们，他们创造了无数的物质和精神财富，成为民族繁衍生息的根基和血脉，成为人类精神家园的重要支撑。

五月里最耀眼的红

五月里最耀眼的红是仙岩的映山红。五月的仙岩是花的海洋，五月的映山红是激情的请柬。

对于映山红，我是熟悉而喜爱的。小时候上山摘草，就与映山红有过亲密的交往。采来一束映山红，将它们养在玻璃瓶中，三五天看着它们，看着它们渐渐凋谢，那是我们那个时代最朴实的浪漫。有时口渴了，我们会咀嚼着映山红的花瓣，那种微甜中带着酸涩的味道留在嘴里，便会有满口生津的感觉，很是清凉。

我的父亲喜欢映山红。爱画国画，能写一手漂亮隶书的父亲，最喜欢画的就是兰、竹和映山红。小时候我喜欢站在父亲身边看父亲画画，每当画到映山红蕊心的时候，父亲就把笔给我让我描淡淡的蕊心。我小心翼翼地用红笔点着蕊心，既紧张又期待，紧张是因为怕把父亲的画弄坏了，期待是希望得到父亲的赞扬。在我印象中，温和的父亲总是表扬我。有一次在山上我看到一株映山红长得很好，想把它挖出来送给父亲，但映山红的根系长得很深，我费了很大的功夫才将它挖掘出来。拿回家种在花盆里，放在父亲房间的窗台上，父亲很喜欢。可是，还不到三天，这株鲜艳夺目的映山红就蔫了。我很是懊恼，如果我没有将它带离它们成长的家园，或许它还可以花开年年。

如果说在少年岁月里，映山红留给我是温暖而亲切的话，那么今年五月仙岩山之行，映山红给我的却是震撼和感动。

今年五月的一个清晨，朋友小肖约上我和两位老同学，驱车混入长长的前往仙岩的车流中。一路上九弯八曲，颠簸得很，但道路两旁映山红已开了很多。那鲜艳的红，让我有怦然心动的感觉，使我想起映山红花瓣那微甜中带着酸涩的味道，想起少年时期快乐青涩的时光。

下了车，随着人流往山上行进。这五月的清晨，乍暖还寒，山谷里浓郁的雾开始环绕升腾，此时的仙岩山犹如一位多情的女子，正撩开她神秘的面纱，以清纯多姿的风采，向着我们款款走来。仙岩映山红美在自然，美在质朴。一簇簇一丛丛，姹紫嫣红，如束束火焰，把整个山峰装点成风情万种的缤纷世界。你看，杂草丛、小路旁，甚至是岩石间，它都能灿烂成长，迎风而立。美丽的花儿在树枝间争先恐后地向你微笑，朝你展颜，喜悦和感动顿时弥漫开来。难怪白居易倾心赞美映山红，甚至把映山红比作花中西施：

> 闲折两枝持在手，细看不似人间有。花中此物是西施，芙蓉芍药皆嫫母。

我们边走边看，不多时就到仙岩石了。仙岩石呈四方形，立于另一块石头上，四周红花环绕。我虔诚地站立在它的面前，感慨于大自然的鬼斧神工。这仙岩石有一个美丽的传说。很久以前有一天，八仙中的铁拐李与汉钟离忽然来了兴致，要比谁的力气大。于是两位神仙在八仙峰上角力了两天两夜，四周的花草树木也屏住了呼吸，两夜之间均发黄凋落。最后，铁拐李一用力，手中的拐杖将一块巨石撬起，巨石飞越几千里，落到了这仙岩山上。在旁的蓝采和哈哈大笑，花篮里的花被抖落，纷纷扬扬撒向人间。映山红则追随巨石飘飘扬扬落到这仙岩峰上。于是，每年的五月，满山遍野的映山红便会热情洋溢地迎风开放。不知是因为海拔高，还是沾了仙气的缘故，仙岩的映山红总是与众不同，个子挺拔，花朵多叶子少。所以，你看到是满山遍野的花儿，或桃红或紫红或白色，或含苞欲放的，或亭亭玉立的，既刚劲又柔美，既挺拔又婀娜。

太阳渐渐升高，映山红绽放得更加耀眼了。特别是在中午十二点前后，满山艳红如血。美丽的映山红，你开了几千年，我才见你一次，下一次再见不知是何时？我希望，在明年的此时，我能回来与你再次相会。

舞在心中的柳絮

几阵春雷响过，像羽毛似的风又吹起来了，非常温柔地拂过我的心窗。很快，所有的生命都开始浓妆艳抹起来，或绿或红，或快或慢，忙碌着。

我又一次站在了母校操场上的老柳树前，严格意义上说，它已不能称为柳树了，它所有的枝干已被砍去，只剩下一节老柳根了，但就在这老柳根上它又长出许多嫩芽，所以我还是认为它是一棵树。此时，看着这新长的青绿的柳枝，我的内心充满着感激。母校搬迁八年了，每年的春风又总会把我送到这里，不为别的，只为这斑驳的老柳根。回想长长岁月里她曾给予我的温暖，我不禁双目湿润。母校处闹市，面积很小，却很精致。四楼合围，楼对楼，面对面，少了宽敞的视野，却多了份温馨，多了份亲近。调皮的男生看到对楼走廊上漂亮的女生，或吹个口哨，或大叫一声，女孩会面红耳赤跑回教室，四面便会响起一串快乐的笑声。

柳树就种在操场右上侧，枝繁叶茂。它的树龄有半个多世纪了。母校小，体育器材又少得可怜，上体育课成了一大难题，大一点的规范化活动根本无法开展。老师们便因地制宜创造了一种独特的活动，在柳树边上插一根铁杆，一到体育课，男生都会被集中到树下，举行爬杆比赛。老师摁秒表，同学们一个个猴子似的往上爬，前提是手必须碰到最上面的柳树枝，然后吱溜滑下来，超过老师定的时间就不及格。这比爬树难得多，因为铁杆是滑的，多数的同学只能爬到二分之一处，而能到最上面的并不多。有些爬不去的男同学不甘落后，下了课就跑到树下练习，而女生们也想挑战一下，有时下了课也会去抢占地盘，男生们便派一两个调皮的同学提早溜出教室在那儿占着。偶尔被我们女生占领，我们便很得意，但能爬上去的女生更是凤毛麟角。我是属于永远爬不上去的一类，两个好朋友推着也只能爬到三分之一处，因此，一到铁杆下，我总是躲在一旁。

离老柳树不到二十米距离的是一排枇杷树。在长辈眼里，柳树和这排枇杷树都是学校的风水树，据说，每当枇杷长得多的一年，学生高考便考得好。那些年寿宁一中的教学质量确实很好，有几个班级是全班考上大学，名扬全区甚至全省，很多外校老师慕名而来，听课、取经，甚是热闹。这些成就得益于老师们的辛勤耕耘。

当时从福州、闽南等地来的外地教师创造了寿宁一中发展史上的一段辉煌岁月。20 世纪 50 年代末 60 年代初，这些名牌大学毕业的学生积极响应党的号召，到条件艰苦的寿宁工作。他们视寿宁为第二故乡，扎根山区，辛勤耕耘。他们的课精彩生动，深受同学们欢迎。从青春勃发的风华少年到满头白发的老者，他们将美好的青春奉献给了山区的教育事业。每当同学们回想起这些老师，心中便充满敬佩和感动。三十年过去了，回想着那枇杷又酸又甜的味道，如同咀嚼我们青涩萌动的青春味道，久久未能散去。

大学毕业后，我回到母校任教。走在熟悉的走廊上，站在我的老师们站过的讲台上，我看到那些岁月舞动的色彩，应是缘分导演的神奇。任教的班级在三层，伸手便可抚摸到柳枝条。每到春三月，柳枝长出嫩芽，柳絮绒绒，风一吹，柳絮飞舞，贴在手上、脸上，暖意荡漾，你便不忍心吹走它。回到讲台，看着满座青春的绒绒的脸庞，仿佛又见那飞舞的暖暖的柳絮，喜悦便涨满整个身心。

又该是柳絮纷飞的时节了，那么，请赐予我暖絮在握的快乐吧，看它飞翔，翩翩舞在心中。

怀念的羽蝶漫天飞舞

芦笛悲韵秋水凉，凋叶愁风晚山苍。一枝疏影，倚在南国小城的飘云下，寂寞地斜成了我伤怀里的一幅画。而这守望的柳枝，早已随西风瘦去。这是个悲痛的深秋，二舅的突然离我们而去，在我的心中留下了永难愈合的伤口。此刻，我怀念的泪水正穿过冬霜冷雨，敲打着这黑沉的月夜，化作漫天的羽蝶。

身为大地主家的二少爷，二舅的童年、青年时光与大多数地主家的子弟有着很大的区别，他的任务似乎只有一个，那就是读书。考上金陵大学文学院的他，成了家族的荣耀。在大学里，来自上海、北京的校友们会戏称他为“乡巴佬”，但也不得不佩服他优秀的学业成绩和敏捷的文思。他们经常会开着车带着我的“乡巴佬”二舅兜风，学着二舅的样子朗诵古诗词。20 世纪 50 年代，大学毕业的二舅回到了家乡，被分配到宁德地区党校当教员。他的课引经据典，生动有趣，极受学员们的喜爱。那时，很多学员均为工农出身，文化水平不高，有的甚至没上过几天学，二舅总是把他们叫来，面对面一字一句地耐心地批改他们的作文。缘分真是神奇，我的公公就是我二舅当年的学生。当时我的公公参加土改，曾到党校参加了为期一年的提高学习。他没上过学，很多字不会写，更别说写公文之类的东西了。他想中途辍学，但二舅劝留了他。在二舅耐心细致的帮助下，我的公公识字、写作水平有了很大的提高。如今，半个多世纪过去了，这段美好的经历依然深深地留在他老人家的记忆中。每当谈及我的二舅，公公总是感慨万千，内心感激之情溢于言表。

1957年，大地主家庭出生的五个舅舅都被打成了右派，二舅被清洗返回家乡斜滩。整整二十年，二舅孤身一人。他当过代课教师，牧过羊，下过田，甚而靠行街卖字为生，历经坎坷，饱受折磨。即便如此，二舅仍然保持着顽强的意志和乐观的精神。他经常会上寿宁城关看望我的母亲。印象中，有着络腮胡子的二舅常穿着那件洗得发白的中山装，表情有点严肃，但总会发出令人精神为之一振的豪爽笑声。这笑声给我幼小的心灵带来了许多的慰藉。出生在动乱年代的我，童年是在惶恐不安中度过的。父亲是“黑五类”，每次运动，都难免惨遭批斗，甚至于进监狱。勤劳而坚强的母亲在艰难中拉扯着我们三兄妹。这样环境中成长的我，幼小的心灵对周遭的一切充满着恐惧。然而，少年、青年时期甚至一直到现在，我对学习、对生活始终充满着热忱，坚定地保持着内心的温良和正直，这都得益于我慈祥的双亲和二舅的教诲。二舅到我家的第一件事便是认真检查我的作业，一发现有错别字，便会罚我抄书、背古诗。偶尔，他也会讲一些有趣的故事。他的博学乐观深深感染了我、影响着我。于是，我常常盼着二舅来，盼着那份豪爽的笑声给我力量、给我温暖。

正如柳智勇先生所言，二舅是一个身处逆境依然乐观豁达的人。“廿年一觉酆都梦，无限风光在眼前”“莫叹年华催白发，扬鞭犹足育英才”“双鬓飞霜心不老，余生焕发胜如春”，字里行间，饱含着一个善良知识分子高尚的情操和乐观向上的精神境界。1985 年，他对来接他回党校上课的校领导说：“如果还给我哪怕是十年的时间，我将可以多教多少学生啊!”饱尝了二十年颠沛流离生活，恢复自由的二舅首先想到的不是个人的悲苦，而是教育事业的荒废。我曾抱怨命运对他的不公，他却对我说：“那段岁月蹉跎了我的青春，未能蹉跎我的热情。我希望能以百倍的努力找回那段时光，只可惜，很多时候力不从心。”这就是一个知识分子的良知和担当。

退休以后，二舅潜心写作，保持着健康的生活方式。或挥毫泼墨，或吟诗抒怀，或晨练暮学，无不从容而洒脱。“一轮红日出山坳，熠熠曙光分外娇。百载千秋交此刻，五洲四海庆通宵。回思历史心潮涌，展望前程意志高。慷慨扬鞭跨世纪，中华儿女逞英豪。”这首《跨入新世纪》，是二舅 1999 年的作品，那时，他已八十高龄，但诗中依然涌动着一颗年轻而滚烫的心。

二舅是个慈爱的长者，至今，他的每一句叮咛与每一份关爱都永存心间；二舅又是位严厉的师长，他教育我如何堂堂正正做人，如何实实在在为师，如何快快乐乐生活。至今想来，从二舅身上所获得的耿直、好学、乐观和勤勉的精神，都是我终身享用不尽的精神财富。

在这样的冬夜里，想用文字表达对二舅的崇敬和缅怀之情，却总觉得一切文字都是苍白无力的。远处传来了幽幽的音乐声，带着忧伤，饱含着离别的凄婉。而怀念的羽蝶深情飞舞着，曼妙着我的心灵、我的思想，引领着我面对每一天灿烂的阳光，去倾听这个世界永恒的希望序曲。

静美榅洋

疾驶在前往榅洋的弯道上，已是 2016 年的早春。在三米宽的山道上，师傅熟练地将车子开得如蛇穿行。我紧紧地抓着把手，窗外绵延的大山急晃而过，我看不清它们的真容。早春的气息让刚刚经历过寒冷的大地有了丝丝的暖意，在两岸那些灰黄的枯叶间，我仿佛看到了绿色的精灵正蓄意待发。

曾多次听到榅洋的名字，也听过她许多的故事，但都未能识其真容。今天，因为朋友和杨家小妹，我终于踏上了神往已久的土地。杨家小妹是我朋友的学生，但看她们更像朋友。从小跟着爷爷长大的杨小妹确实是从榅洋走出来的女儿，秀外慧中，温婉却不失坚强，在外闯荡多年，生意做得和她的为人一样，精致而饱满。当许多人渐渐淡忘了偏远山乡的味道时，有着浓浓乡情的她，愈加怀念家乡纯粹的芳香。儿时记忆中的大叔、大婶那一碗面条、一个鸡蛋的恩情，还有那田野里弥漫的稻香、菇香，始终萦绕在她的心头。她说，在我的心灵深处，储藏着一个家乡梦，这个梦安然、纯净。虽然，在喧嚣的城市，忙于生活，可那个梦却如春天的山笋，一有机会就探出头来。

榅洋村地处寿宁北部高山地区，村中居住着杨姓家族。

传说，杨姓的先祖杨九公，平生性格刚直，身材高大魁梧，从小聪明伶俐，但较调皮。十二岁那年春的一天，其父在傍山犁田，由他送午饭至门下坑时，发现坑中漂来一本书，他捡起来随手翻阅，原来是一本闾山法术书，他学会了书上法术，当看到上丘缺水，他用一根茅草架一下，水就往上丘倒流。收工回家时坑水涨，牛过不去，就挑着牛和犁从独木桥过来。死后用石棺材一个收尸入殓，待日发葬，是夜下了大雪，次日晨发现石棺材不知所向，按痕迹查找要离榅洋村十华里的山上羊岗坳（后称杨九坳）找到，找到时，石棺材已陷入泥中一半，而且继续再陷，直到全部沉入。后来人们为纪念杨九公的救世功绩，在榅洋村尾造宫殿一座，塑像纪念。村人经常到宫烧香恳求驱魔保佑平安。

沿着一条被脚板磨得发亮的岩石小道往里走，清清的小泉流发出细细的声响，温柔而沁心。我们的脚步停留在了一口水井旁。村主任介绍说，榅洋的村民从古至今都饮用这天然的泉水，其水质清澈见底，冬天水暖，夏天水热，常年水流不干。村民们感动地称它为“仙泉”。

此时的榅洋静立在雾气之中，显得十分秀气，四周环绕的群山像慈祥的母亲将静静的村庄抱在怀里，呵护着山村里两百多位乡民。靠北而建的土瓦房紧拥着，房子与房子之间间隔很小。我想这样的设计是村民们为了相互间的扶持吧，靠得近，少了距离，多了温暖。村子里，留下的都是步履蹒跚的老人、辛勤劳作的妇女。那位倚墙而坐的老人依然手拿叶子烟杆，吧咂吧咂地吞云吐雾。走过老房子边，时有断续的咳嗽传出。不见了牛的身影，羊儿却是成群地叫着。我们用力吸着清新的空气，焦躁的心情瞬时变得祥和宁静。杨小妹家的老宅在村中间，因许久没人居住的缘故，土墙体已坍塌。小妹说，这间房子叙述着爷爷辛勤劳作，忍辱负重，养育着她和弟弟的故事。勤苦、清贫的生活铸就了她坚强的意志。

炊烟是乡愁的语言，是灵动在人间的云霭霓裳。此时，久违的炊烟慢慢从黑瓦间腾起。我的心情如同迷路时看到了路标，那是一种欣欣然的放松和温暖。一阵浓郁的香味飘来，仔细闻来，是香菇的芳香。我们顺着菇香来到了一座大土房里，一位大娘正在用木炭烤制香菇。一个大簸箕上放着新鲜的花菇，木炭炉子发出温暖的热度。大娘说，用木炭烤制的香菇保留原香，香气持久，口感醇厚。

继续往水头方向前行，水头不远地方有一山岔，叫马穿岔。这是楹洋村通往邻近村炭岔头至官台山寨宝尖的必经之路。寨宝尖位于坑底，犀溪、大安等三乡交界处，明朝景泰年间郑怀茂、周叔光聚众数千，武装起义占据官台山寨宝尖开矿采银，地方官员报知朝廷后，朝廷派官兵前往征讨，兵至楹洋村马穿岔时，有一位将军，拔刀挥砍路边一石，以试刀之锋利，并指天而誓：誓杀匪徒，刀落石裂。当天寨宝尖山寨即被讨平，擒获匪首。现在人们路过此地还能看到当年刀砍该石留下的行痕，故称“试刀石”。

将军岩是楹洋村的又一大景观。观赏将军岩并不轻松，我们穿荆棘，走泥泞，登叠嶂，终于来到了“将军”面前。“将军”耸立在高山上，整块岩石，宛如一尊石雕的大将军，其身材魁梧，气宇轩昂，威风凛凛，似乎有着一种气吞山河的气魄。明代县令冯梦龙修《寿宁待志》时来到榅洋，看到这块气势磅礴的岩石，便将其取名为“将军岩”。

景仰了“将军”，主任说，我现在带你们去见“七仙女”。走过一段小石子路，来到村北。原来“七仙女”是一棵榅树，已有一百多年树龄了。浓密的枝叶遮天蔽日，粗大的树干苍劲挺拔。因只有一个树根，却长着七支树干，村里上岁数的老人们称它为“七仙女”树，被村民奉为风水树。多少年来，村民们经常在这棵大树下焚香祈祷，希望树神庇护风调雨顺。

午后，阳光轻轻穿过薄薄的雾气，散发出鹅黄色的光。村子里还是这么安静，不知名的鸟鸣声时高时低，增添了山乡几分静谧。天然和野性带给我们的那份自由、那份快乐，是无法用语言描述的。此时，我才明白，人们对于田园生活的眷恋，是因为有一种怀旧的情感在内心荡漾，是对城市生活的一种躲避和对田园生活的一种向往。

榅洋，一个静美纯净的村庄，一个去了一次还想再次前往的地方。

田间啼痕

我始终认为生长在山乡是一种幸福，是值得感恩的。看春耕秋收，闻泥香草味，尝野果野花，再喝上一口清清的山泉，这是上天给予我们最好的礼物。其实，生活在山乡，要感激的东西很多，感动的时候也很多。小时候，路过田边，看田间牛耕，看那农人、耕牛一身泥浆，听听农人高亢的吆喝声、耕牛有力的啼叫声，再想想秋天满枝摇曳的金黄色的稻浪，感动、感激之情油然而生。感动于牛的勤劳淳朴，任劳任怨，以及富于自我牺牲的精神。

古往今来，也有许多的诗人用诗篇来赞颂牛埋头苦干、乐于奉献的精神。宋代著名政治家、文学家王安石曾为它写下“朝耕草茫茫，暮耕水潏潏。朝耕及露下，暮耕连月出。自无一毛利，主有千箱实。皖彼天上星，空名岂余匹”的《耕牛》诗篇；南宋宰相李纲也留下“但得众生皆得饱，不辞羸病卧残阳”的千古名句；而“牛是农家宝，耕田少不了”的农谚更是高度肯定了牛的重要性。

中国牛耕开始于春秋战国时期，延续了两千多年。在中国人的眼里，牛是农事主角 ，是中华文化图腾。民间有一个美丽的传说：远古时代，民间本无牛，耕种全靠人力，天上金牛星于心不忍，悄悄下凡，为繁殖后代放弃了天堂的优越条件，以解百姓之苦。自此，人间便有了牛，农业生产得到很大的发展，丰衣足食开始成为现实。自此以后，人们为了感恩，中国许多地方都会举办一些赞美牛、颂扬牛的活动。如在粤北山区的舞春牛是一种流行了几百年的民间舞蹈，以牛为主题，载歌载舞，祝福五谷丰登、幸福安康。农历六月初六，贵州榕江、车江地区的侗族的“洗牛节”，家家牵牛下河，为其洗身，并杀鸡鸭为牛祝福，愿耕牛清洁平安。最有意思的当属湖北李熙桥镇的“踏牛令”。相传有一位叫龙牙秀才的半仙骑着白马从关峡到武阳，路上好几次找人讨要一根套马的缰绳都遭拒绝，而走到李熙桥镇林家头村时，却有一位正在犁田的老农慷慨解“绹”送给他，感动之余的半仙当即说了一句“你们这一带的老百姓此后犁田不用牛绹”，并传授老农“踏牛令”的咒语，从此以后，林家头村以下李熙桥镇二十里地的农民念着神奇的“踏牛令”指挥牛犁田耕地，形成了当地“不用牛绹犁田”的神奇现象。

小时候，邻居周伯家有一头大黄牛，每到农忙季节，扛犁赶牛早出晚归，热心肠的他还会牵着牛为邻居、亲戚耕地。周婶会为他准备好晌午的蒲草袋饭，他一干就是日落西山。有时候，我和哥哥会跟着他，去拔些野草喂养兔子。到了田里，个子矮小的周伯一下子成了我们心中的英雄，只见他娴熟地驾驭着牲口，控制着犁钩的深浅曲直，新鲜的泥土在牛身边翻滚。夹杂一两声鞭响呵斥，周伯圆润的吆喝声在田野间久久回荡。一声鞭响，鞭梢不着牛身，犁铧卷起的泥土发出诱人的光泽。我站在田埂上，看泥土一浪浪均匀整齐地被翻起，看着让人心颤的褐色泥土发出光泽，钦佩之情油然而生。

寿宁凤阳的基德村是一个美丽的山村。延绵千里的洞宫山脉，孕育了神奇的基德梯田。基德的梯田极富层次感，站在一个山头，环视四野，层层梯田宛如拼接的长卷画，让你目不暇接。错落有致的梯田与周边的小山包、小树林相映成趣，让你不知先看哪边好。入秋时分来看基德的田野是一件快乐的事。从垅上走过，秋怡气爽，清风飘荡，蓝天白云间一群飞鸟队伍整齐地飞过，迅速钻进对面的小树林里，又迅速飞射出来，仿佛在接受你的检阅。秋阳暖暖地撩亮了山峦，与那满目的金黄色稻浪亲昵交染，猩红铺满了整个山野。农家老夫妻忙碌着，小孙子调皮地在秸秆堆上上蹿下跳。奶奶亲切的喊叫声、扬谷机的轰隆声，还有不远处甩着尾巴悠闲的老黄牛哞哞叫声相融，大地瞬间响起了最美的交响曲。徜徉在这样的金色里，有谁能不深陷其中，有谁能不想起春耕、夏耕的那牛、那农民的艰辛呢。是的，秋天的田野让你惊奇让你激动，而山区夏耕的田野却让你感恩让你深思。寿宁是个高山县，农民世代以耕种为业。而因为山多、山高，寿宁农民要付出更多的辛劳，“面朝黄土，背朝天”，形象地概括了寿宁农民的艰辛。因气候寒冷，开耕多数在五六月间。看基德的夏耕是在去年的六月，寿宁一年一度的开犁节在这里举行。开犁节由祭天祈福、芒种犒牛、插秧比赛、畲韵歌会、北路戏演出等五个板块组成，通过山区农民农耕技术展示和辛勤劳作的具体展现，表达人们对辛勤劳动的农民和耕牛的敬爱。

几百年前，勤劳的基德人根据这里不同的地形、土质修堤筑埂，把山泉引进梯田，在这里开始了农耕生活。当天，是夏耕“芒种”的时节，也是农民播种、下地最为繁忙的时候。在三垅较为开阔的水田上，牛群在村民的指引下开犁。在我的镜头前，由五个村选出的五位农耕好手左手扬鞭，右手执辔头，目光从容笃定，微弯着腰，熟稔地驾着耕牛在田间穿梭，随着牛蹄踏过，隔年的作物残茬、杂草全被翻碎翻进土里，化作最好的肥料。这里的田经过一冬的浸泡，田泥特别酥软，爬犁经过之处就能看见翻起一排排泥巴花儿，在阳光下熠熠生辉。而表层被破坏的土壤，也被深翻到底层休养生息。耕过的泥土松软平整，细腻均匀，层次分明，开启了基德人一年好收成的希望之门。

我摇摇晃晃地走过田埂，来到刚犁过田的老牛和铧犁旁。犁把已被一代代人粗壮的手打磨成亮色，犁弓弯曲着。我想因为弯曲，它同土地的对话一定是谦逊而亲切的。老牛瞪着阅尽沧桑的滴溜溜圆眼，吁着呼呼粗气，稳重地甩着大尾巴。天底下，或许牛与犁是天生绝配，牛拉犁，总是一步一个脚印，义无反顾，执着前行。未来是耕地不用牛的时代，连山区县的寿宁各地，土地上各种活儿已然是机械动力的天下，牛渐渐退出了大展雄风的时代，田野上牛蹄声渐渐远去了。没有牛的日子，耕地速度快了，但简约粗糙了，终究不如牛耕田踏实滋润。现代机械化下耕种、播种、施肥等都是一步到位，都是速成的。我在想我们人类总在绞尽脑汁追求清闲，不像牛，一根筋，使牛劲，钻牛角尖。

而冬天的田野又是另一番景象。经过了三个月的浸泡，稻草根已腐烂化作肥料。曾经的五彩缤纷仿佛被神袋收尽，留下的是满目的灰褐色，静如一幅水墨画。我试图寻找牛走过的痕迹，牛留下的蹄印。不，蹄印、蹄声无须寻找，在这无垠的土地上，哪一处没有蹄印，哪一处没有蹄声？蹄印成就了多彩的田野，蹄声奏响了农耕历史的主旋律。我的大地啊，你听，蹄声依然悠扬！

寿宁东区赋

两省门户，五县通衢，脉接闽东北洞宫山脉，运承海峡西岸发展带。四望雄山苍莽，廊桥故里，民风淳朴，红色老区先辈英勇伟岸，北路曲韵绮丽婉约。五百春秋史，泱泱岁月流，昌盛富强，通达四方。然则前进路曲折坎坷，征途漫漫！

历史赐机缘，佳年遇良机，人民公仆，深谋远虑，具高瞻之智慧，想人民之所想，擎海西发展大旗，融环三战略蓝图，顺乎民心，夙兴以求。集聚英才，勇担当，竞攀登而向前。三年攻坚，战艰难，愚公豪情扬。移笔架山峰，摧坚石削高土，机车轰鸣，号子绵响，塔吊林立，扬百里尘土，起奔腾万马。洒心血流热汗，顶风霜战酷暑，千日奋战，业绩斐然！

壮哉！日月升腾，星辰轮回。东区新城，以水为系，以桥为魂，山水把脉，三横五纵，风生水起。开山城之大门，纳四方之紫气，福泽华庭！张信念之翅膀，显自强之魅力。秉忠诚为民之宗旨，创“有机生长”之模式。凭热情，靠执着，建设生态新茶乡。美哉！一城山色半城湖，绿山绕城，清水活城，活力塑城，文化兴城，项目引擎创新高，生态环保一体化！

踏夜色延揽东区盛景，灯炬虹桥自相映。沿喷泉而走，水舞乐音。高柱洒晶莹彩珠，游龙扬和玉风情。登福清桥观八面风光，远山黛蔼苍烟，百翠相眠。玉桥娇峻，水影百媚。造虹影于中天，吐蜃气于碧波。幸哉！民享和谐歌颂涌，诗吟福境衷情溢！

怀敬仰而游梦龙广场，感冯公之清廉，叹吾辈之壮志。五百年岁月远，冯公怎知天堑变通途，僻地有仙府？景观长廊园林绿苑，回转泊幽，曲栏斜槛，孕闲情于绿荫，育韵致于自然，听和风细语，观花草情深，天人一统！或弄舟戏月于人工湖，水光潋滟，绿水潺潺。携万家灯火，笑舞清风媚，看水岸两旁，浮雕直点烟波，迎祥吐瑞！

嗟夫！浩浩史册，铭记河山再造之丰碑，岁月修远，凝聚华彩征程之灿烂。施政民为本，建设生态先，宜居怡人，祥和会盟，福寿长宁！

支提山上的火炬

久远的景仰带领我去寻觅闽东革命的辉煌历史，去寻觅英雄非凡的足迹。三月阳春，与友人相约，我登上闽东革命圣地——支提山，来到了英雄们战斗过的地方。

站立于支提山上，我的心中漫涌着感动与感激。透过雾霭，俯瞰群山，我看见了那支穿着灰布军装的队伍，那支顶着红五星，背着圆形斗笠，打着高高绑腿的队伍，高举着革命的火炬，然后向着更远更大的地方行进。

这座绵亘于霍童、九都、虎坝三乡交接处号称“闽国东岳”的支提山，99 座山峰连绵不绝，地势险要，景象秀丽，宛如莲花。“支提”为梵文，有“聚集福德”之意，《华严经》载有“不到支提枉为僧”之言，故天底下云游僧侣，多上山去朝拜。相传，支提山是天冠菩萨曾经小住和讲经说法的地方，是中国“四大佛教圣地”五台山、普陀山、峨眉山和九华山之外的“第五大道场”。古往今来，慕名上支提山者络绎不绝，为支提山留下了许多丹青笔墨。宋代主簿陆游《访僧支提寺》诗：“高名每惯习凿齿，巨眼悉逢支道林。共夜不知红烛短，对床空叹白云深。满前钟鼓何曾忍，匝地毫光不用寻。欲识天冠真面目，鸟啼猿啸总知音。”生动地描绘了支提山独特的逶迤风光。20 世纪 30

年代，大智大勇的马立峰、叶飞、曾志、叶秀潘、范式人等革命先驱在这聚集福德之地上运筹帷幄，成立了中共闽东临时特委，进而展开了闽东历史上前所未有的革命实践。

支提山新生了！支提山沸腾了！

从此，支提山上林海风涛荡涌，赤旗猎猎，云散天开……

然而，闽东革命岁月又是艰辛的。地瓜米、南瓜汤，草鞋、步枪，酷暑寒风和顽敌围堵，随处可见险象，随时可遇流血牺牲。只因头顶红五星，只因心中坚定的信念，他们执着而从容。

支提山的朝霞浓烈得像一团火。我阅读着这团火，希望能读懂那些英烈高尚的灵魂。我知道，那段被战火与苦难、抗争与希望追索的岁月，仍然鲜活，就这样站立成丰碑，耸立在革命的辉煌诗篇里，铭刻在闽东人民的心中。在许多徘徊迷惘的时候，它始终是闽东人民心中的一盏灯，是一盏照亮过去、现在、未来的指航灯。

太阳开始朗照群山了。远处，不知是谁，唱起嘹亮的山歌。抚摸着支提寺中粗壮的柱子，我的耳边响起了誓师的号角。1934 年 9 月，就在这座千年古寺中，闽东独立师成立了。在叶飞等人的领导下，这支队伍在闽东一带坚持艰苦卓绝的游击战争。1939 年 7 月，36 名伤病员（其中大多数是闽东人）在阳澄湖畔坚持抗日斗争，与著名的阿庆嫂结下了深厚的军民鱼水情，这就是革命京剧《沙家浜》的原型，支提山因此被誉为“芦荡火种”的发祥地。

支提寺的钟鼓悠远而低沉。鲜为人知的支提山九壮士的英雄事迹悲壮而动人心魂。今天，面对英雄战斗过的这片热土，缅怀革命先驱的英魂，我不知道该向英雄们敬献些什么，才不至于使我们的悼念苍白无力。一束灿烂的杜鹃花？一杯新酿的红酒？不，这些自有永远守护着先烈英灵的闽东大地敬献！这些像火炬般的革命先烈在这块土地上燃烧了自己，又在思想的领域里燃起熊熊烈焰，永远不灭，并且燃得比以往任何时候都更加光彩夺目。

傍晚的阳光柔和得像霓虹彩灯。此刻，山影隐约，林野静谧，它们仿佛都是一段段伟大历史活的见证。从支提山传承下来的是艰辛岁月的辉煌，从支提山上传送下来的是永远不灭的火炬。

北欧散章

北欧是一个让人神往的地方。安徒生用童话滋养了我的少年时光，也滋养了我对于那个国度向往的梦想。那个用花瓣做床垫的可爱的拇指姑娘，那个在圣诞夜大雪中划燃一根又一根希望的卖火柴的小女孩，还有那个每小时都要换一套新装的皇帝……在安徒生的童话里我学到了最初的善和恶。而这次的北欧之行让我真正感受到北欧的轻灵极致、温婉怡淡。

夕阳下　老吉的背影很美

坐了 12 个小时的飞机，大伙儿身体僵硬地走出机场，接我们的客车早已等在那里。开车的司机是吉尔吉斯人，他个子高大，白净，一脸和善。因他的名字很长，我们都叫他老吉。老吉不爱言语，但笑声却十分爽朗。老吉的车开得不快，即便是笔直的公路，他都保持一样的速度，这让我们有足够的眼力尽情地欣赏车窗外道路两旁的风光。远近高低、绿树浓荫中，随处可见的五颜六色，如同积木一样的小木屋，让人有种将之吞心入肺的欲望。北欧的道路是没有国界的，包括公路、铁路。在北欧，货车司机星期天是不上路的，所有的司机一天开车时间不得超过 12 小时，在开车途中，客车是 4 小时一小歇，8 小时一大歇。

当天傍晚，老吉的车把我们拉到一个四星级的酒店。老吉真是个好司机，车一停稳，他高大的身影就忙碌起来，将我们行李一一拿出来，整个过程都带着微笑。离吃晚饭还有一段时间，我洗了把脸，站在窗前欣赏窗外的景色。此时，金色的夕阳将它迷人的金线洒向四野，大地金光闪闪。在停车处，我看见老吉正在清洗车子。他洗车的样子真让人感动。那么一辆长长的大客车，他用洁白的毛巾极其认真地擦拭着。晚霞朗照，他和他的车熠熠生辉。我很想表达对他的崇敬。第二早上，我用临时学会的英语对他说："夕阳下，你洗车时的样子很帅。"他高兴地用汉语说："谢谢！谢谢！"

在接下来的行程里，老吉对我们的态度始终如一，导游介绍说，老吉今年冬天就要退休了，要回老家与亲人相聚了。老吉很兴奋，开了一辈子车，接下来要陪陪妻子了，他说，回家的第一件事就是带妻子来北欧旅游，享受一下坐别人开车观光的幸福。衷心地祝福老吉！也许，这时的老吉正和妻子行走在北欧美丽的大地上。

波罗的海游船上的笑声

此时，我乘着维利亚号豪华大游船行驶在茫茫波罗的海上，强劲的海风呼呼吹在脸上，我仍感觉像做梦一样，学生时代地理老师介绍波罗的海的话语仿佛还在耳边。海鸥在头顶飞过、盘旋，我才感觉我真实地畅游在波罗的海广阔的怀抱里。

北欧人似乎在任何时候都可以制造快乐。此时，六七层的轮船在美丽的波罗的海的海边畅游，一路随行的还有善解人意的海鸥们。它们三五成群，或歇脚于你的掌心，或立于你的双肩轻舞，温柔地看着我们这些黄皮肤黑眼睛的陌生人，一点也不生分。波罗的海的天空似乎低矮一些，那些洁白的云朵，感觉就在你的头顶上，船在行进，云也在行进，让人忍不住想去触摸她。我们坐的是船的内舱。船内商店、餐厅、赌场、酒吧一应俱全。胆大的几个朋友去赌场碰手气去了，我们几个则上了轮船的第五层。一到五层，发现那里热闹得很，一个漂亮的金发女郎在组织一场游戏。游戏很简单，在两根柱子间放一细木棍，十几个来自不同国家不同肤色的孩子们排队从木棍下穿过，以木棍不掉下来为标准。每一轮次，木棍就往低调一次。三轮过后，只剩下四个孩子，那位白皮肤的姑娘，个子很高，但她身体柔韧性却很好，每一次都能轻松地通过；而那位清瘦的少年也不甘示弱，小心翼翼地从木棍下移动身子，也顺利地坚持到最后。冠亚军争夺赛就在这两个孩子之间进行。气氛紧张起来，围观的游客纷纷屏住呼吸，看着两个孩子穿过窄小的空间。最后，那位姑娘夺得冠军，孩子们高兴地领着小礼物。顿时，甲板上欢笑声、掌声不绝，惊走了群鸥，笑声追随着云朵，飘向波罗的海两岸。一场简单的游戏，把这些来自异国他乡的孩子联系在了一起，制造了一个突如其来的快乐。

静，好

“静下来，是一种生活方式”，但在这越来越浮躁的生活里，这种生活方式、这种普通的生活状态却是难以找寻。鳞次栉比的楼群，熙熙攘攘的车流，噪杂的街巷，此起彼伏的叫卖声，公车上高分贝的说话声。安静离我们越来越远，即便是偏远的山乡，安静也变得奢侈了。

“我想应该静下来想一些话，我想应该静下来走一段路，我只想静下来做这些事，我想应该静下来想一个人，我想静下来忘掉那些事情，静的像云，静的像空气……”每当听到这首歌，就想起到北欧旅行的感受。在那里的半个月时间，我们享受到了静的魅力、静的美好。在北欧，在芬兰，安静已成为一种常态和自觉，随处可遇，随时静美。2010年，赫尔辛基的海马餐厅见证了一个质朴的国家目标的诞生：将一个偏远的中等规模国家打造成世界闻名的旅游胜地。专家们提交了一份“国家品牌报告”，报告提出了一个全新的主题——安静。报告指出：现代社会充满了嘈杂和繁忙，让人难以忍受。安静是一种资源，它可以像水或野生蘑菇一样被销售出去。将来，人们会愿意付钱来体验安静。

是的，北欧人向全世界出售安静了。一种让你沁入心脾的静在那里等着你，你愿意花费一大把钱、时间和体力，远涉千万里来到这里，享受安静。“请安静”已被证明是芬兰重塑的品牌中最流行的主题，也是“参观芬兰”网站中最受欢迎的网页之一。我想安静之所以可以出售，是因为很多时候我们把它当作一个有形的、精致珍贵的但又易碎的东西。广阔无边的原野，两把木椅静置于湖边，你用最轻的脚步靠近它，用最轻的动作坐下。这时，你会发现你就是这个世界的主宰。无数的色彩、光影抑或蓄势待发的声音都臣服于你，你用耳朵即可与那些你热爱的植物、土地或空气交谈，而风发出的最微弱的声音也是如此的温婉和亲近。也许，你用最小的声音就可以打破这种安静，但你不想这样做，你会尽你所能保持安静。

在芬兰，在一条条并不宽敞的大街上，你看不到浓艳的广告牌，也听不到嘈杂的叫卖声，那些物品静静地立在橱窗里，或在架子上，它们完全相信，你有一双慧眼，看得到它的长处或适合于你的一些特质。进到店内，服务员微笑地看着你欣赏店内的所有物品，她不会喋喋不休地介绍店内商品的特色，她相信，你会找到适合你的东西。而在酒吧里，两个酒杯轻轻地触碰，眼神热情地交汇，一切尽在无言中。坐在大巴车里，大片绿意浓浓的草地上，安静地站立着红白相间的小别墅，你伸长脖子想看看主人的样子，却每每失望。但是通过那些窗户上静立的精美盆花，你仿佛看到了主人热爱生活的那份情致和优雅。

静，不是平淡，更非平庸，而是一种充满内涵的悠远。“于无声处听惊雷”“此时无声胜有声”，博大的气势和力量总是在静中积蓄。庄子说得好：“正则静，静则明，明则虚，虚则无为而无不为。”以静制闹，静中不为，往往要比声嘶力竭更显智慧。瑞士作家马克思·皮卡德说过：“原本应该跟我们头顶的天空或呼吸的空气一样自然的寂静，已经不存在。失去寂静不仅意味着丧失人的一项特质，而且连人构造也跟着改变了。”

静是一种善良，是一种品格，一种尊严，更是一种智慧。静，带着平和智慧的品质散发着悠远的清香。

静，好。

穿单衣看雪

北欧是这样的令人着迷。满目温暖的绿色，错落有致的红色或是蓝色的屋顶，太阳光里白色的楼墙，窗户上精致的盆花和垂吊的绿色植物，都在述说主人静美、自然的生活态度。在北欧让你流连忘返的地方很多，神奇的挪威森林、静谧的松恩大峡湾、带着咖啡香味的百年老房子、冷清、空旷的蓝厅以及随处可遇的鸟儿们的欢歌……而穿着单衣看风情万千的仲夏雪山，更是让人欣喜若狂。挪威是北欧最富裕的国度，也是北欧之行印象深刻的国度。挪威的全称为挪威王国，意为“通往北方之路”，位于斯堪的纳维亚半岛西部。挪威领土南北狭长，海岸线异常曲折，沿海岛屿很多，被称为“万岛之国”，其蜿蜒曲折的漫长海岸线构成了特有的峡湾景色。我们经过弯弯曲曲的盘山公路，来到大峡谷旁，只见雪水像一条条洁白的哈达，挂在悬崖峭壁之上。大瀑布汹涌澎湃，冲击着岩石，激起云雾般的水珠，飘荡在峡谷中。挪威峡湾清澈的水域，使得岸边的雪山可以清晰地倒映在海面上。能在仲夏看到雪山真是人生一大幸事。我生活在南方高山小县，雪并不少见。但也许是家乡的雪是在寒冷的冬天下的，而北欧的雪是在这七月里盛开，让我感觉北欧的雪比我们家乡的雪要柔软一些，暖和一些。而远眺雪山，终究是觉得陌生，还是家乡的雪来得熟悉和亲切。

十一天的北欧之旅虽然短暂，北欧的静美、简约、自由，给我留下了美好的印象。

面对黄槐湖

“碧水蓝天空气新，黄槐湖里好风光”。寿宁的黄槐湖是一个芬芳而浪漫的地方。在当地群众半个多世纪的精心养护下，环湖数千亩郁郁葱葱的生态林苍翠欲滴，花果飘香，蝶飞鸟鸣。面对黄槐湖，仿佛面对一首诗，面对一幅画。走进她，一股清新的空气随风而起，摇落了那些绿色精灵的笑容，满地欢乐。

在寿宁，黄槐是一个神的存在。黄槐是北宋徽宗年间的进士，宣和二年任徽州知州。黄槐为官清正廉洁，一心为民，在灾年违背朝廷律令，冒着被朝廷革职杀头的危险，将所辖州县粮仓全部打开赈灾救民。徽州人民犹如久旱遇甘霖，终于有了一线生机。善政一时，名声鹊起，至今徽州一带还流传着“黄知州，赈粮谷；挂冠印，救万民”的民谣。为了避祸，为了他神牵梦往的家乡名山——黄山，黄槐将自己改名黄山，挂印弃官，只身回到寿宁。当时的寿宁尚未建县，虎豹横行。为了保一方平安，黄槐组织猎杀队杀虎豹捉豺狼，使乡亲们有一个安全的生产生活环境。黄槐也因此被奉为狩猎人的祖师爷和守护神。他在寿宁鹤溪择址开设书馆，为孩子们授课答疑解惑。他还借在岩山修炼之便，入深山，攀悬崖，采草药以治病救人。至今在那岩山之巅的悬崖石壁上，还留有一个清晰的脚印。村民说，那就是当年黄山公在岩石采药留下的足迹。黄山逝后，村民将其奉为神仙，“乡人立祠，水旱疫疾，祷之必应”。

黄槐苦修仙术，终得道行圆满，临终前嘱咐妻子用石棺将其安葬在圈石村七星岩下。夫人遵照遗嘱，择定农历九月九日午时安葬。山神、土地将重达数千斤的石棺抬到七星岩下埋葬，随手将两根木杖插在墓前。不久木杖生根发芽，长成了两株紫薇。如今，两株紫薇日益旺盛，枝繁叶茂。为纪念黄槐，清嘉庆五年（1800年），村民又在黄槐石棺墓前修建“黄公宝殿”。大殿内黄槐金身神像，威风凛凛。“徽州挂印身无荣辱；鹤溪垂钓心自清闲。一身浩气与仙岩千仞并立；两袖清风共鹤水万载长流。仙岩留胜迹足印依稀祥云绕；圈石仰遗像巍巍殿宇气象腾。”殿内对联生动形象地描述了黄山公的事迹。岭旁两株红豆杉已在这里生活了一千多年了，虽然还没有“霜皮溜雨四十围，黛色参天二千尺”，但仍是枝繁叶茂，一副仙风道骨的模样。

在寿宁，黄槐湖是一个假日休闲的好去处。“生态氧吧”、消夏避暑“绿色天堂”，都足以让你心驰神往。有人说，春天的黄槐湖像娇美的少女，湖畔青山连绵起伏，一层层厚厚的绿色绒毯，五彩缤纷的野花，把娇美的少女装点得更加迷人。我还是喜欢冬天的黄槐湖。它像俊朗的男子，含蓄而稳健，给人力量，让人鼓舞。寒冷的年份，黄槐湖面会结一层薄薄的冰，使得碧波荡漾的湖面，宛如一面巨大的宝镜，在阳光下熠熠闪亮。如果你在雪花纷飞时节来这里，你会惊异于大自然的神奇变化。四周绿色的山峦变成了白色，连青绿的湖也变成白色了，一眼望去，感觉一片白晃晃的，让你有种恍惚的感觉。寒冷让休闲散步的居民望而却步，却吓不倒冬泳健儿。近二十名寿宁冬泳爱好者，每天下午都坚持冬泳。他们享受着大自然的洁净之美，也在挑战着自己的勇气和坚强。冬泳更多的是享受超越自我所带来的心灵愉悦和强身健体的幸福感。在这里，水中有山，山中有雪，天空中漫步的白云和飞过的鸟儿，水天一色，在此完美结合。只有在冰雪飞扬的季节游览黄槐湖，才能领略到一个完整的黄槐湖，才能彻底感悟到这一高原圣湖的全部精气神儿。

夏天，如果你有时间，能在这里住上一晚，你会有意想不到的收获。傍晚，放眼波光粼粼的黄槐湖面，金光闪闪。人们在这里尝尝农家菜，各种各样的菜干，鹅汤香气扑鼻。到夜里，寂静中蛙鸣声声，偶有打鱼或捕虾的村民泛舟湖中，在墨色的光影中，构成一幅绝美的景致。在这里，盛夏没有炎热的感觉，晚上得准备好棉被，否则午夜会被冻醒。

黄槐湖像闽东绵绵大山中的一颗翡翠，晶莹剔透。面对油画般幸福的黄槐湖，我的心中充满着感动。“徽水清清韶水长，几多风雨几沧桑。先贤踪迹今安在？青史碑铭万古香。”神山福地，辉光永耀，黄槐仙魂，永庇家园。

老酒添杯乡愁浓

寿宁地处闽东北，是一个有着560年历史的山区县。这里，气候温暖湿润，夏无酷暑，冬无严寒，被誉为福建避暑胜地。在这块美丽的土地上，善良、勤劳的寿宁人民创造了独特的山地文化。这里不仅有世界非物质遗产的廊桥、北路戏文化，寿宁人民还创造了众多独特的民间生产、生活技艺，悠久的米酒酿造工艺便是寿宁人民世代相传的传统文化。

寿宁人喜欢酿米酒，喜欢喝米酒。寿宁人酿米酒始于何时，已无从考证，但寿宁人离不开米酒，确是无可置疑的。如果你走进寿宁寻常人家，你会看到，或是大酒缸或是大陶瓮，再或是小玻璃瓶，里面装的都是红米酒。那鲜艳的红仿佛都在向你述说着寿宁人民向往幸福、创造幸福的热情。

寿宁冬长夏短，温凉湿润，垂直变化显著，植物生长比其他地方要长上一两个月。水稻一年只有一熟，再加上这里富硒富锌的土壤，所产稻米味正醇香。每年的十月，寿宁城乡的大街小巷都会不时飘着浓浓的糯米香。这十月也是寿宁主妇们最忙的日子。首先要挑选一个好日子，寿宁有句俗话："甲乙造酒清如镜，丙丁二日似醋形，戊己似泥壬癸淡，庚日清来辛日酸。”也就是说，要酿好酒，要选甲乙日。其次，主妇们要在头天晚上将糯米洗好，浸泡一个晚上。其三，要备好红曲。红曲活血化瘀，健脾消食，可治瘀滞腹痛，食积饱胀，跌打损伤。同时男人们也不甘闲着，头天就到山上挑回山泉水，倒入大缸里。

第二天，主妇们起个大早蒸糯米。蒸熟百来斤糯米，需要五六个小时。糯米饭蒸熟后，好客主妇们会盛上几碗糯米饭，送给左邻右舍，有的会叫上一群朋友，煮上一桌子好菜，每人手上抓着一团糯米饭，说着笑着，朋友情邻里爱在这里尽情地绽放着。等到糯米饭凉至二三十度左右，主妇们便将糯米饭、红籼、山泉水按比例倒入大缸中。二十几天后，糯米饭开始下沉，两个月后，浓浓的酒香便弥漫开来。酒酿好了，快乐的主妇们将酒倒入陶瓮或玻璃器皿中，这样的红米酒放上三五年都不会坏。

小时候，没有什么营养品，为了给正在长身体的我们进点补，母亲会精打细算，在一个月里会为我们炖上两次老酒蛋。每次母亲煮老酒蛋，我们远远地就能闻到香味，高兴地两步并作一步走，冲进厨房，迅速端起一碗老酒蛋。但看着红红的酒中两个嫩白的鸡蛋，我总是舍不得动它。寿宁老酒口感好，容易入口，而且后劲足。如果遇上好友，豪爽的寿宁人用大碗喝酒，划拳行酒令，大伙儿一不小心就会喝个大红脸，不知不觉就醉了。

寿宁老酒温补去湿，所以，寿宁有一个代代相传的习俗，那就是坐月子的妇女必用老酒，用老酒炖鸡汤、炖鸡蛋。每个坐月子的新妈妈，一般要用七八十斤老酒。喝了七八十斤老酒的新妈妈个个白白胖胖，奶水充足，孩子也长得很快。

寿宁人还喜欢用老酒浸泡当归、枸杞、党参等，这酒去湿补血，强筋补气。寿宁老街有一户出售这种药酒的店铺，生意十分红火。我的大姨婆活了 99 岁，她每天无酒不成餐，冰糖老酒配饭，这也许就是她长寿的秘诀吧。

老酒添杯乡愁浓，心付明月相思久。寿宁老酒那纯正绵软的香味，总是让人回味无穷。这浓浓的酒香，更融入了我们寿宁人淳朴的情感和对生活的热爱。

路

邱实没能和哥哥一样考上大学，因恋着青梅竹马的英晓，他回到了不通路的家乡。家乡虽小，却很幽静，村口那棵老槐树下的地方是童年的乐园，洒满了儿时欢乐的笑声。村西有一口池塘。母亲说，在他小时候，池塘里还有很多鱼，是母亲们给孩子进补的好东西。现在池塘里已没有了小鱼，积蓄着发黄的水。生性乐观的邱实很快地从落榜的失落中走出来，承包了这个池塘。现在，他和妻子站在池塘边，看着跳跃嬉戏的鱼儿，内心充满着信心，他对妻子说："你等着吧，不出两年，我就会让我们家成为村里的首富。"

邱实的家就在村西。据说风水先生提着罗盘在村子里走了一圈，发现他们家房子风水最好。其实，不懂风水的人看了他们家的房子，也感觉舒心。门前小溪日夜唱着山歌奔腾东流，河面上白鹅嬉戏着，跳着舞，远处一座小桥自横，好一幅小桥流水人家的图画。家后院种着妻子喜欢的桃树，每到春三月，桃花盛开，彩蝶纷飞，美极了。

入秋，他和妻子着实忙活了一阵子，割稻、晒谷，将几十担稻谷入了仓。看着活蹦乱跳的鱼儿，抚摸着金黄色的稻谷，邱实感到充实而幸福。这天，邱实收了两担草鱼准备送到城关出售。刚到村口，阿细婶叫住了他，“实子，上城关啊，顺便帮我的几斤笋干带上卖了。这上城关的路，我走了整整五十年，现在啊走不动啰。想当年我刚嫁进这里时，我和你阿细叔三天两头上城关，挑着七八十斤的东西，走上那五六里的路，一点都不觉得累。”邱实说：“放心吧，阿细婶，我会帮你卖个好价钱的。”

邱实卖完一担鱼和阿细婶的笋干回到家里已是傍晚。一进家门，发现来了很多人，而母亲坐在桌边抹着眼泪。原来，刚才村长来告诉她，这里要修公路了，他们家的房子要拆掉，鱼池也保不住了。母亲一边哭一边说：“我的家坚决不拆，谁敢动，我就死在他面前。”

邱实也晕了，他不相信这个消息是真的。这时，村长叫人通知他去村委会开会。会上，村长介绍了县委县政府宁福二级路的规划情况。按规划，邱实家要拆掉一半，鱼池也要填了。村长说：“邱实，你知道，咱们村祖祖辈辈生活在这不通路的地方，生活艰难啊。现在机会来了，我们家门前要通路了，这是我们的福音。你是文化人，我就不用说了，你回去可要做好你母亲的思想工作啊。”

从村委会出来，邱实来到了池塘边。夕阳下的鱼池是寂静的，鱼儿悠游着，丝毫不了解主人此时内心大海般翻腾的心情。抽完两根烟，他才觉得肚子有点饿了。回到家里，妻子担心地望着他说：“妈晚饭没吃就躺床上去了。”简单吃了点，邱实来到母亲的床边。母亲拉住他的手说：“实儿，这房不能拆啊。这是你爸留给你们的，我要保护好，留给孙子，世代传下去。”

“阿妈，我也舍不得房子被拆，更心疼那些鱼。你看，这墙是我亲手粉刷的，记得我的手因刷这墙，一个礼拜都在酸疼。但是，修路是县上的规划，是为我们百姓做好事，这也是我们祖祖辈辈的心愿。路通了，以后我卖鱼就不要用肩挑了，这不是你一直盼望的事吗？每次卖鱼回来，您都要心疼我肩上的血泡。”

“可是，池塘没了，我们的鱼养哪儿去啊？”

“村长说了，县上会补偿我们的。”

“我管不了，你和你哥商量着办吧。看来这家要败在我手上了。”母亲说完闭上眼睛，不再理睬邱实。

在省城的哥哥跟母亲通了电话，希望母亲支持公路的开通。母亲是个通情达理的人，在房子被拆的那天，她不忍心看，去了城关舅舅家。

机器轰鸣，挖土、灌水泥。邱实家的房子被削了一半，鱼池也填了，而一条笔直的公路通了。邱实不养鱼了，在有关部门的帮助下，他承包了一片茶园，种上了新品种。还贷款买了一辆小货车，收购茶叶，生意相当红火。

母亲喜欢坐在家门口，看疾驰而过的车子。总是感慨万千地对邱实说：“儿啊，没想到我还能活到路通到家门口的时候，你看，一刻钟功夫就到县城，有时我感觉像做梦似的。看来，我们家少了几个房间值啊。”

“是啊，虽然不能养鱼了，但我却当上茶园主了，用时髦的话说是当老板了。这还真是‘家乡发展好，大家才会好’啊！”

斜滩茶业史话

中国饮茶始于西汉，而饮茶成为风尚则是在中唐时期。中唐封演《封氏闻见记》载：“南人好饮之……茶道大行，王公朝士无不饮者……”秦汉时期，茶叶的简单加工开始出现。唐代陆羽的《茶经》就详细介绍了茶叶的来源、茶具的种类、茶叶的制作、煮、饮等。古往今来，许多文人墨客也写了很多茶的诗文，其中我很喜欢唐朝诗人元稹的宝塔诗《一七令·茶》：“茶。香叶、嫩芽。慕诗客，爱僧家。碾雕白玉，罗织红纱。铫煎黄蕊色，碗转曲尘花。夜后邀陪明月，晨前独对朝霞。洗尽古今人不倦，将至醉后岂堪夸。”这是一道饶有趣味的诗，在描写上，有动人的芬芳——香叶，有楚楚的形态——嫩芽，曲尘花，还有生动的色彩——碾雕白玉，罗织红纱。铫煎黄蕊色；饮茶之时，应是夜后陪明月，晨前对朝霞，真是如神仙般的生活，而茶可洗尽古今之人而不倦，又是何等的妙用啊。

寿宁植茶、制茶历史悠久，是闽东较早生产绿茶、乌龙茶、红茶的产区。明朝寿宁县令冯梦龙在《寿宁待志》中记载“三甲住初垄，出细茶”“茶出七都”。我父亲卢匡策（笔名卢陵）年轻时曾当过外公家茶行的司账。他介绍说，明景泰年间，寿宁茶叶就开始了大宗外销，清代规模日渐扩大。在寿宁茶叶发展史上，斜滩茶业占有重要地位。20 世纪初至 1949 年，是斜滩茶业发展的鼎盛时期。在勤劳的寿宁人眼里，茶叶是“摇钱树”。百斤首春“红毛茶干”可值三十多元（银元），二三春后，最低价也可值二十多元，与同重量的稻谷相比，价格高出十几倍。同时，种植茶树，占地少，工时小，投入也少，而且，一年种植可连年获益。寿宁群山连绵，交通闭塞，百姓常用“寿宁三件宝”即“地瓜当粮草，棕衣当棉袄，火篾墙头倒”的谚语自嘲。因此，对于贫困山区的寿宁农民来说，在青黄不接的春耕时节，有了“摇钱树”就有温饱的保障，农业生产也就上去了。

民国时期，斜滩茶区的产量始终保持旺盛的水平，年产毛茶达三万多担，绝大部分是精制的“工夫红茶”，多数销往香港、澳门和东南亚国家。当时国民政府为了发展茶业，曾在福安开办了四年制的农业职业学校，专门培养茶业人才，并设立了茶业基地，引进优良茶种和温度测试设备，斜滩各商家都有派人员前往学习。斜滩是“闽东四镇”之一，因其拥有水上运输交通的便利，成为寿宁物资集散进出口要地，其中支柱产业就是茶业。1926 年至 1936 年的鼎盛时期，出现许多规模大的茶厂、茶业贸易公司。

一年之计在于春，每当腊尽春临，万物复苏，到处一派勃勃生机。沉寂了大半年的各老茶号又开始忙碌起来了，预付用人定金、选聘茶师、司秤、掌管师、焙师等，还请竹木匠修补篾、篮、笼、焙、桶等工具，订购板箱，备足柴、炭、添置专用的茶号袋等。从生产过程到包装的每个细节都进行了充分的准备。各行家会在正月下旬开始，先后赴榕，住进“寿宁会馆”，分别与外商洽谈。如与外商谈议成功，老茶号可优先领到茶银，并将茶银装入桶箱中，沿陆路经飞鸾岭，风雨兼程抵达斜滩，路程三天。为了防盗匪抢劫，茶家都雇有卫兵护行。同时，各大商家还会在福州事先印好私号钞票，有五角的，有一元的，钞票上印有商行独特的记号，以鉴别真伪。这些私号钞票会在收茶时发行使用，执票者可随时凭钞兑银。当时的政府对这种私钞是不干涉的。大商号如陈复兴、周源丰、郭丰记的私钞，比国币还有信用，百姓喜欢积存。

清明近了，各茶行为开门红，讨吉祥，会在节前五天挂出本商号的招牌，坚持“行不漏针”的行业原则，开秤收茶。茶叶的时令性很强，根据茶叶采摘的时间，可分为三春。清明至立夏一个月的时间为首茶，这时的茶叶鲜嫩，价格最贵。立夏至夏至为二三春，前后不到两个月。各商家要完成产值必须要争分夺秒收茶、制茶，并在质和量上，力求最好，以便能在激烈的竞争中占上风。因此，在清明后的三个月时间里，斜滩街茶香四溢，热闹非凡。这时，行内司账大显神通，他们左手算账，右手登记，出入毫无差错。而另一边，茶师也是尽显风流，看茶评茶、取样定质、高声报数，忙得不可开交。工场内也是别有洞天，茶师们筛选、焙烘打茶，呼喊声是此起彼伏。一旁的拣茶间，妇女云集，从五更天就到茶行工作，一直到晚上六时收工。这拣茶是计件取酬，妇女们为多拣，往往是争先恐后。妇女们拣好茶，交茶师司评，视拣茶技术好坏，发给工钱。

首春茶质量的好坏是关系茶行一年能否赚钱的关键。因此，大多数商家会派出流动的分庄，下乡蹲点收购，当天收茶，当天扯价，并封袋送回茶行。这种做法省去了茶农的麻烦，很受茶农的欢迎。他们迅速采摘茶叶，土法揉捻，遇晴天晒干投售，遇雨天用火焙，交易过程都是现金交易。茶农们平时很少有经济收入，现在有茶出售，手上有了一些钱，整个村自然活跃起来了。遇到收茶的紧张时段，茶贩还会拦路截购，耍手段压价，有的茶贩还会差斤少两，以此牟利，茶农为赶时间，急于回家，还是“明知山有虎，偏向虎山行”，将就出手。生产时期，各工场的工人食宿全部由商行包办，平时吃的是红糙米饭，配的是咸菜、咸鱼、豆腐，逢初一和十五会加几道下酒菜，喝上几杯老红酒。完堆日商家还会以篱筛当桌，办酒筵宴请大家。

首春茶产出后，商家就开始将茶叶装箱了。茶箱内套上白纸和铅薄层，外壳用土制棉纸，以猪血拌豆腐裱褙茶箱，再贴上本茶行商标。较大的茶号首春茶就有千余箱，小号也有五百至八百箱左右，合股小行也达百箱。成箱之茶运上船，一艘船装二十箱，由斜滩漕经赛岐港运往福州。在会馆里，外商随样拆开三箱，每箱取样十克，由审评暗里编记，在评审室上，当场冲泡，五分钟后，分开茶与汁，先验看浮雾，再品尝汁味闻香，继则检验泡开的茶叶成色，褐色叶子占 80％者为佳品，50％为次品，以此类推。会上通过民主评议，争论激烈，最后分级定价，并以当天黄金价格为兑换标准，每百斤最高为 13 两八钱（黄金值）。交易成功，立即签付支票，到指定银行、钱庄兑款。

寿宁茶商早在1939年就奉省令组织茶业同业公会。公会由选举选出执行、理事、监事等。他们的任务是提取茶厘，办理同行业公益事业，如救灾、赈贫、驻榕寿宁会馆事业费，抗战时期还支援前线，为将士捐款捐物。1943年，县政府增设建设科，下派茶业指导员，办理发放茶贷等，并组织成立了茶业生产合作社六十多家。至新中国成立前夕，由于国民党当局经济崩溃，法币贬值，斜滩大号茶商大多停办，仅剩卢振记于1950年向省外贸易局申请继续制茶。

记忆“周源丰”茶行

“周源丰”是民国时期闽东著名的茶叶品牌，是由我外公创立的。

我的外公周赞绪，号乃贞。外公虽然只念过几年私塾，但私塾老师对他却是十分赞赏，并对我外婆的父亲说：“我这么多弟子中，以后有出息的当属这个赞绪了”。家道殷实的太外公相信私塾老师的话，毫不犹豫地将女儿许配给了家贫如洗的外公，成就了斜滩街上的一段佳话。因家里困难，外公17岁就开始做生意了。他养过猪，卖过布，但都亏本，欠了很多债务。当时斜滩有个温馨的风俗，讨债的人都在年关讨债，初一开始是不讨债的，大家称躲债的人为“作豆芽”。因此，每到年关，外公就到交溪亭躲债，有人找外公，大家就会说：“他在交溪亭‘作豆芽’。”

一路闯荡，一路艰辛，1915年外公开始开茶厂，生产红茶、绿茶。外公是闽东最早生产工夫茶的茶商之一。当时，福州有许多大茶庄，多数是美英等外商开的，他们为了茶源，会扶持一些茶厂，预先付给小茶商一定数量的资金，即茶银。没有资金的外公就是靠这些茶银，开始了自己一生最为辉煌的创业历史。

每年首春茶出品后，斜滩的茶商们便会将自己生产的茶叶样品送到福州的寿宁会馆，外商带着评茶师对各家茶叶进行抽样评定。一旦被选中，价格由卖方叫价。经过了六七年的艰难摸索，外公的“周源丰”茶行的红茶品质得到不断提升。1923年，幸运眷顾了外公，“周源丰”茶叶被外商选中。这一年，外公赚到了一万二千斤银元，雇了十艘船运回，一艘船装十二担，一担一百斤。为防盗匪，外公还雇了二十名护卫护送，绵延几里荣归斜滩。此后，“周源丰”茶行的生意越来越红火，成为斜滩最大的茶行，也成了远近闻名的茶叶大品牌。

诚信是打开财富宝库的钥匙，诚信是人生的一张名片。外公做生意十分讲诚信，他用诚信赢得了人们的尊重，树起了“周源丰”茶叶品牌。自1923年后，外公的茶行就有了固定的客户。当时，与外商做生意都是以香港为中间站，所以，外公一年要到香港好几趟。在香港，外公与富商柯子达先生的友情被人们津津乐道。外公与柯子达第一次做生意时，柯了达为了了解外公的人品，付钱时故意多给了一百元。外公回到住所后，发现多了一百元，随即送还柯子达。外公的诚实、守信，赢得了柯子达的信任，两人义结兄弟，结下了深厚的友谊，开始了长期的合作。柯子达先生去世后，他的儿子继续与外公做生意，两人感情十分深厚。两人有一张合影现珍藏在我舅舅家里，这张照片的背后，题有柯子达先生的儿子送给外公的一首诗：

镜头一聚别匆匆，万绪离愁感慨中。
香岛榕城千里隔，锦帆程远顺东风。

外公讲义气，重友情，连黑道也尊他三分。有一年，外公从香港运回一船布料（卖完茶叶后，他会运一些布料回福州、斜滩出售），他有事留在福州，手下押船至赛岐港，被海盗抢劫了。外公知道后，火速赶往赛岐，当海盗知道是“周源丰”的货物，立即送回。

1945 年后，外公的茶行经历了火灾、水灾，又被一个朋友骗走一大笔钱，生意开始走下坡路。新中国成立初期，“周源丰”茶行虽还有生产，但规模已经很小了。后因阶级成分问题，外公被批斗，“周源丰”茶行关闭。

温暖的“记节”绳

表哥喜欢在手腕上系带子。他说，手上系着带子，心里踏实、温暖。妈妈说，你表哥爱系带子是从小的爱好。这爱好源自表哥 7 岁那年的端午节。

寿宁人过端午与众不同，中国传统的端午节是在每年农历的五月初五这一天，但在寿宁，人们一直都遵循着五月初四过端午的习俗。寿宁民间把端午节称为“五月节”，过端午又称为“做节”，是仅次于春节的重要节日，有“年三天，节三顿，中秋立夏没一顿”的说法。一到五月初四这天清早，每家每户都会在自家的门口插上菖蒲、艾叶，并煮上十几碗各色菜肴，在小杯子里倒上自酿的红酒、自制的茶叶以及提前一两天就包好的粽子，摆上方桌，放好筷子，供奉祖先。这一套传统还有个风雅的名字，叫作“请节”。而让孩子们盼望的，除了要穿上外婆买的新衣衫，大概要数找新嫁娘为自己“记节”了。其实，在这之前的好几个月，小孩子们就开始关注邻居里弄有几个新嫁娘了。本年内刚嫁女儿的娘家要为女儿准备足够的红绳子和粉糖饼。五月初四至初五，所有 14 岁以下的孩子会成群结队地到新嫁娘家里，伸出昨天妈妈刚为自己洗得白嫩的小手儿，而新娘子就会高兴地为这些个可爱的小手系上娘家妈妈准备的红绳，叫“记节”，同时，每个孩子还可以领到一只新娘子娘家请人定做的粉糖饼。祖祖辈辈的寿宁人相信端午节系上红绳儿，从此，这孩子就有了记性和福气，吃了粉糖饼就有了幸福和健康。而谁家的新娘子系的红绳、送出的粉糖饼最多，就说明他们家人气最旺，谁家孩子腕上所系红绳最多，那么，日后他就最有记性最有福气。因此，所有新娘的娘家，在女儿刚嫁的这一年，都会铆足了劲，尽量买够红绳和粉糖饼，送到女儿夫家。

20 世纪 60 年代，姑父一家从斜滩移居城关，租住在蟾溪河边有着十几户人家的大杂院里。不久，因家庭身份问题，姑父被打成了“黑五类”。因是客居又是“黑五类”，许多孩子被家长告诫，不要与他们家往来。当时，表弟和表妹还未出生，年长几岁的表哥，小小年纪就感受到了歧视和孤独。那一年表哥 7 岁，大院里最有势力的周家娶媳妇了，新娘子是出了名的漂亮。到了端午节，新娘子的娘家准备了足够的红绳和粉糖饼送到周家。远近的孩子们早早就来到周家，排队等着新娘子为自己“记节”。周家新嫁娘穿着绸质的红衣服，坐在大门口，温柔地为前来的孩子们系上红绳儿，并给每个孩子送一个香气扑鼻的粉糖饼。

表哥怯怯地站在远处，羡慕地看着其他孩子小手腕上的红绳儿和粉糖饼。临近中午，孩子们都散了，新娘子起身收拾东西，要回屋里了。忽然，她看到了躲在远处屋角边的表哥。她重新坐下，对远处的表哥招了招手。表哥犹豫着慢慢地来到新娘子面前，伸出小手。新娘子发现小手儿有点泥土，站起身从屋里拿出一条毛巾，为表哥擦去泥土。擦完后，拿出红绳为表哥“记节”。此时，已为孩子们系了大半天的新娘子依然系得那样专注，那样认真。她将红绳拧成一股，那双温暖的手在表哥的手腕上穿梭，轻轻一系，再将小结调整到合适的位置，又从篓筐里拿出两个粉糖饼递给哥哥，轻声嘱咐着：“回家吧，妈妈该等急了。”

表哥一路小跑着回到家里，脸红得如小手上的红绳儿，小心翼翼地护着手上的两只饼儿，生怕饼上的白糖掉下一颗。表哥后来回忆说，这是他第一次系上梦寐以求的红绳儿，那被小伙伴们炫耀无数次的绳儿，终于也系在了自己的手上了。表哥十分爱惜那条红绳儿，以至于脏了也不肯脱下来。那位美丽的新娘在那样的一个端午日将一份温暖和爱系在了一个 7 岁孩子的心中，照亮了这个男孩的成长路。在以后的岁月里，哥哥没有因为家庭出身悲观失望，萎靡不振，而是乐观向上，善良待人。

表哥一直记着这位美丽的新娘。两年前，表哥去了趟老屋看望“新娘”。“新娘”已 70 多岁了，岁月已将当年美丽的新娘变成满脸皱纹的老人了，但在表哥眼里，儿孙满堂的老人依然美丽。又是一年粽飘香。新嫁娘“记节”的习俗已被人们淡忘，但不会淡去的是那些温暖的善待和真情。

婶婆的裹足凳

92 岁的婶婆大概是中国最后一批被缠足又被“放足”的女性。小时候，我们很喜欢到婶婆屋里玩，因为婶婆识字，而且会讲故事。在她的屋里有一个物件让我们感到好奇。第一次看到这个东西的时候，我们都以为这是一个梳妆台。婶婆说，这是沾着血泪的裹足凳。我们用手摸摸，干干净净的，便异口同声说，没有血啊。婶婆笑了笑说，是你们没看出来。当时，我们听不懂婶婆的话，多年后，学了历史的我终于看出来。

婶婆的娘家是斜滩郭家，在婶婆 5 岁那年，她经历了中国多少年来千千万万女性遭受过的折磨。婶婆回忆说，那天，母亲端来一盆热水让她烫脚，趁着脚还温热，母亲将她的脚放在凳子上。这是为女性裹脚特制的凳子，凳子最上方的横木用于挂缠布，最下方的盒子用于放置药物和香料。婶婆心有余悸地说，母亲从裹足凳上拉下灰白的布条，裹在她的脚上。为了把脚裹得尖细，母亲将她的脚拇趾外的四个脚趾狠狠地向脚底弯曲，紧贴脚底，她痛得大声叫着，母亲安慰她说，刚开始都是这样的，几次后就不痛了。母亲又从盒子里拿出一点白色的粉末放在她的脚趾头缝里。后来，她才知道这白色的粉末是明矾，是为了防止脚腐烂的。那天晚上，她疼得睡不着觉，哭喊着，但母亲为了使她的脚保持被裹的形状，还给她穿上特制的鞋，并交代说一天 24 小时脚都得缠着，晚上睡觉也不能脱。就这样她裹了一个星期，痛得不能下地，白天大便、小便都得靠大人帮扶。因为太疼了，她连饭也吃不下，瘦了好几斤，以至于母亲不敢亲自为她裹足，而是叫姑姑来裹。姑姑一边裹着，一边说，孩子，我们也都是这样过来的，痛一时，幸福一世，女孩子脚漂亮了，就能嫁个好夫婿。她大声说："我不嫁!"姑姑说："傻孩子，哪有女孩不嫁的，你现在还小，长大了就知道了。"为了减轻痛感，姑姑就把她的双脚用绳子绑着吊起来。

但痛仍然翻心捣海似的袭来，躺在床上的婶婆感觉自己要死去了。这天夜里，迷迷糊糊中父亲抱起她往门外走去，大厅里声音嘈杂，她听到"快跑，快跑，土匪来了"，她记得父亲抱着她走了好长时间。第二天，她才知道她们跑到李家洋舅舅家了。当时，斜滩因为水路交通便利，成为全县物资的集散地，同时，作为政和、周宁和浙江省庆元、景宁、泰顺等县的土特产和日用品转运埠，与福安、赛岐、宁德、福州和香港等地都有贸易往来。这样商业发达的地方，自然也成了土匪们活动的好场所。土匪经常出没，百姓不得安生，"躲土匪"成了百姓的家常便饭。

在舅舅家，因为逃跑时裹足的东西没带出来，也因为舅舅的劝说，她不用裹足了。放开了脚，她高兴得想要飞起来了。在舅舅家躲了十几天，回到斜滩，母亲又要给婶婆裹足了。婶婆就将裹脚凳和布条藏匿起来。母亲找不到，虽然知道是女儿藏的，但似乎不是很生气，也许是想起了自己小时候的痛。藏了几次，裹脚的事竟不了了之。但让婶婆没想到的是在她要出嫁的那天，母亲竟拿出了这条裹足凳。婶婆非常吃惊，当年将凳子藏在哪里，她已记不清了，不知母亲何时收起来了。母亲说，你没有姐妹，凳子就给你作个纪念吧。我们这一代是“小脚一双，泪水一缸”，现在，政府反对裹足，真是英明啊！你虽没裹脚，但在夫家也要有女人样，要孝敬公婆，好好地相夫教子，不要让母亲听到闲话。婶婆非常感谢母亲，没有让她遭受裹脚带来的一辈子的痛苦。在后来丈夫早逝的艰苦岁月里，婶婆里外一肩挑，养育了四个儿女。

如今，我看婶婆的裹足凳，仍然觉得它像梳妆台，上面有镜子，照见了中国古代畸形的审美和男尊女卑的社会现实，也见证了中国文明历史前行的足迹。

细品茶香香

生长在山区的我与茶的缘分是与生俱来的。

第一次接触到茶是 7 岁那年。那天是清明节，母亲采来一捧清明茶，放在手心轻揉几许，那毛茸茸的绿叶子便曲卷起来。母亲将揉搓好的茶叶放进杯中，热腾腾的开水冲泡后，浅绿带黄的颜色慢慢地充盈整个杯子，仿佛绿之精灵在沸水中轻舞。母亲说，这是在正午 12 点采回来的清明茶。祖上传下来的说法，喝了这清明茶会耳聪目明。看着这绿黄色可爱的液体，我早就按捺不住了，端起茶杯猛喝了一口。茶，没有想象中的好喝，浓浓的茶生味让我有种想吐了它的感觉。但妈妈看着，我只好喝下整杯清明茶。在以后的日子里，自己视力一直都很好，我相信是因 7 岁时喝的清明茶的缘故。

我们儿时那个年代，没有什么饮料，茶水、白开水、山涧泉水就是理所当然的饮品。大概是秉承了父亲爱喝茶的基因，我从十几岁开始就非茶水不喝。母亲知道我爱喝茶，每天都会在厨灶边上放上一大杯茶水。放学回家，我第一件事就是冲进厨房，将那一杯温温的茶水牛饮而下。现在回想起来，那种爽劲并不比大热天喝一杯冰镇的汽水差。每天要喝，茶叶的来源自然成了问题，那时候，寿宁有国营的茶厂，但其生产出来的茶叶都是外销的，少有在当地出售。寻常百姓喝的茶叶都是自己加工的。我们家客居城关，没有茶园。我喝的茶叶，都是老屋里十几户邻里们送来的。喝着百家茶长大的我，对茶有一种浓浓的恋情，不但恋着那份香，更恋着那份情。

习惯了牛饮的我适应不了一小口一小口地品茶，什么修养啊，女生的形象啊，在我喝茶的时候总是荡然无存。以至于当了老师，也不惜自毁形象，在学生面前大口咕嘟嘟地喝着，喝得上气不接下气。学校烧开水的阿姨知道我爱喝茶，在她的开水房里，每一天都泡有一杯属于我的绿茶。每到下课，一杯还升腾热气的茶静静地等在那里，一饮而下，那种幸福是无与伦比的。这样与茶日日牵挂着的相约相见，让我精力充沛，心里是满满的暖意。阿姨烧了 7 年开水，我喝了她泡的茶 7 年。2000 多杯茶水，如长河流在我的心田，永不干涸。

在我的印象中，茶叶似乎是万能的。小时候，手上长了疱或被虫子叮咬，痛痒得上蹿下跳，母亲便会抓一把茶叶和少许盐巴，放在嘴巴里咀嚼成泥状，敷在痛痒处，不一会儿，竟然不痒了。

家乡小城，山高雾多。云蒸雾养的茶，汲日月精华，沐春秋洗礼，从而有了山魂水魄的灵性。在家乡的风俗习惯里，茶叶是圣洁之物，如米粒，珍贵如神物。从小母亲便告知我们不可将茶随便乱倒。供奉佛祖，追思先人，首先要献上清茶三杯，以表达无限敬意。茶还象征着从一而终，对爱情的坚贞不移，茶树繁茂生长，带有一种多子多孙的含义，茶树耐寒坚强，带有健康长寿的蕴意。所以，在我们家乡，茶如红线串起了忙碌而幸福的人生。两家如结为亲家，礼仪就从茶开始。婚姻的礼仪称为“三茶六礼”，三茶即指订婚时的下茶，结婚时的定茶，洞房时的合茶。这些都是普通百姓用茶表示最真挚、最美好的愿望。

茶叶是农家的宝贝，是农家的希望，在寿宁，有许多家庭是靠出售每年的茶叶来支付日常开支、供养孩子上学的。记得2008年，我担任班主任的班上，有一位乡村来的女学生小丽，入春以后的一段时间总是旷课，找她谈了多次，她总是低头承认错误，却坚决不改。我只好通知她的父母亲来学校。那天是四月上旬的一天傍晚，办公室门口来了一位中年妇女，只见她气喘吁吁地用手拭擦着头上的汗水，怯生生地问，我找卢老师。我忙起身，请她进来。当我的手与她的手相握的一瞬间，感觉手心被许多针扎似的，赶紧抽回手。她则不好意思地揉搓着自己的手。她一点都不像登记表上填写的40岁年纪，感觉有50多岁了。我向她说明了请她到学校来的目的。她听了，低着头，双手揉搓得更厉害了。不知是哪个学生告诉小丽，她母亲被叫到学校，小丽急匆匆赶来。在交流中，我知道了她们家伤感而又温暖的故事。原来，她是小丽的继母。继母来到她家的时候，带来了一个女儿。继母不像书里描述得那样凶狠，对小丽很好，甚至比对她自己的女儿还好。这让小丽能较快地从失去妈妈的悲痛中走出来。可惜好景不长，三年后，父亲也走了。没了顶梁柱的家十分困难。唯一的经济收入就是一片茶园。而茶叶采摘期只有三四个月，收入十分有限。这样的情况供一个孩子上学已成问题了，何况要送两个上学？小丽想，继母会让自己辍学的。没想到，继母却让自己的女儿辍学，而让小丽继续上学。每周上完学回家的小丽，总是不敢看妹妹的眼睛，深深的自责感让小丽心里像堵了块石头似地沉重，她在心里发誓，要让妹妹也上学。于是，她经常旷课回家，帮助伯父家采茶，伯父每天算工钱给她。真相让我感动得眼眶湿润，而眼前的母女也泪眼婆娑地相拥在一起。我再次握起这对母女的手，两双手都因采茶叶而变得粗糙。不同的是，女儿手上的裂痕还带着血丝，而母亲手上的裂痕已堆积成死皮，坚硬如刺。此时，我的手已感觉不到痛了，痛的是我的心。后来在我们的努力下，学校免了小丽的学费，她的妹妹上了学。我和学生们还去了趟她们家的茶园。茶叶，绿绿地盛开着，不管是老叶子还是新长的嫩叶，都一律向着阳光微笑着。此时，那来自大地最初、最朴质的气息在我的心中翩舞成了动人的音符。

茶与咖啡、酒相比，少了份浓烈，却多了份自由和清淡。哈维尔是捷克著名的作家和思想家，还当过总统，后因政治原因被囚禁多年。狱中生活太艰苦了，他经常用写家书来打发时间。在第 25 封家书中，哈维尔谈到了茶，他说自己原本不太喜欢喝茶，但在狱中喝不到咖啡和酒，于是只能喝茶了。泡一杯热茶，坐下来看书、思考或写信，成了他在狱中最快乐的时光。在第 48 封家书中，哈维尔描述了茶的功效以及给他心灵带来的抚慰：第一，茶可以作药，对头痛、喉咙痛、初期感冒、发冷等都有一定的疗效。

第二，它能暖身。第三，它能提神，让人从萎靡、焦虑、情绪低落、困倦中重新恢复生气。但对于哈维尔来说，茶最重要的功效是第四点——茶是他每天能为自己安排的唯一饮品，什么时候泡，怎样泡，完全可以由他自己决定。只有在这件事情上，他才能领略到自由的意义。他说："我每天都喝茶，而且把茶的冲泡当成每日的仪式。尽管这是一个小小的仪式，但它的功效却很大，可以支撑一个人免于崩溃。"是的，芸芸众生，于世上谋生，也似于囿中，何不借茶品自由呢。你看，劳累一天，沏一壶香茗与家人品饮，叙叙烦恼，听一曲音乐，看一段美文，抑或独坐，足矣！茶可独酌，也宜共饮。"寒夜客来茶当酒"，有几多情趣！又有多少凡尘可以荡涤！

一片茶叶，看似细小、纤弱，却是气象万千。一世人生，渺小如沙，却也千变万化。人们常说："茶如人生，第一道茶苦如生命，第二道茶香如爱情，第三道茶淡如岁月。"吟哦三味，苦、乐、淡，有谁能握有豁免权？既如此，无论是浓烈抑或清淡，我们都要去细细地品吟，苦乐都是滋味。

南澳谣

当我来到这个无数次远望过的陌生村庄，已是春风阅尽万物的四月。走过狭长的南澳石桥，从桥上远望，于树枝的疏影间，一些土瓦房轻轻地映入眼帘，到处疯长的绿意，让视线所及的一切都变得娇嫩起来。

三面环山的南澳村坐落在长溪西岸，与南澳洋村隔溪相望。长溪远涉而来，缓慢而行，形成了五个沙舟岛。最大的沙舟岛外形如一只巨大的鲤鱼，面朝南澳，象征着年年有余，南澳村民叫它为“溪心岛”。长溪水对这块土地是情深义重的，在100多米的水域里，还留下了群猴戏水、福龟击水、笔架岩、石鼓岩、印岩等景观。岸边古榕树婀娜多姿，其根盘曲而上，犹如飞仙舞女。

在这里，游鱼与沙石尽情嬉戏，溪畔树木与翠竹争相辉映。

走进南澳村，到处静悄悄的，清晰可听的是鸟儿们欢快的叫声。到村口，只见五棵树龄130多年的古榕如五位矍铄的老人，手拉着手，枝干相连，围成一个圆形的巨大的伞，呵护着南澳子民。巨伞下凉爽清新。晚饭后，村里的老人们都会在这里聚一聚，谈谈在外打拼的孩子们，聊聊家里的柴米油盐。

在南澳这块土地上，生活着林、朱、徐、黄、叶、杨、柳、阮、范、李等姓族人。千百年来，南澳人这块土地上，辛勤劳作，创造了自己独特的文明历史。南澳现存的古民居为数不多，但这些古民居独具特色，承载着南澳古老的历史记忆，见证了这个村庄昔日的辉煌。这些古民居都是典型的明清建筑风格。对称格局，中间厅堂，两侧厢房，青瓦高墙，古朴而精美。时间留给这些建筑的是沧桑，更留下了千丝万缕的酽酽亲情。这里的民居多数为一进三重，两层的居多，也有三层的。每座房子间的间隔很窄，火房左右侧都开一个小门，互通互连，互相依靠。现在，许多房子已人去楼空，从山脚下到小河沟边，老房们静立在山风中，黄墙断壁在蔓草里低吟浅唱，而呢喃细语的鸟儿总是这些房子最忠实的守卫者。从清凉的厅堂里惊飞的小山雀和它们建在屋檐下白中带黄的鸟巢，让我们感觉到这些屋子依然充满生机。

沿着一条小石子路，我们来到了南澳 7 号房子前，这是阮家的老房子，是著名教育家郭公木妹妹的故居。这是一座二进式五溜通透结构的老房，房子外墙气势恢宏，厚实的土墙，高大的马头墙，都在彰显着昔日的兴旺发达。轻轻推门而进，发现这座房子与我见过的所有房子都不相同。房子的大厅是建在二楼的，进到大门就要上一段石级。从外地回来的林应福、林应炬老师介绍说，这房子已有 200 多年历史了，当年建造这房子的木头都是从大安的前西溪运来的。此时，在光影斑驳中，这些远道而来的木头虽褪尽漆彩，却不忘初心，依然坚定地安立在这块土地上，在扶风淋雨的笼罩里，展现着一种岁月的熟知。正对大厅的照墙上，承载着主人和谐幸福愿望的巨大“福”字清晰可见，依然祝福着在这块土地上生活的人们。大厅两侧菊花形状的雕栏和雕窗，温情而细腻，给人一种温暖昌盛的质感。

南澳 23 号房子，是一座百年老屋。至今上了年纪的村民依然亲切地称她为“新厝里”。这座老屋，是清朝后期，由林家第 23 代的青平公带领子女建造的。这在久未出现新建房的当时，林家这座房子一出现，便被赋予“新厝”的美称。而在后来相当长的时间里，虽然村里的新房盖了一幢又一幢，但因“新厝里”有着勤劳、善良、乐于助人与勤学上进的家风，村民们仍然保留着“新厝里”的特定爱称。在观看“新厝里”外墙时，我发现，“新厝里”的外墙比起其他房子的外墙来得坚实。林应福老师介绍说，当初建筑这些外墙时，祖先们创造性地在外墙用土里揉进了熟糯米，这样外墙土层更富有黏合力，历经百年，“脸面”依然鲜艳光滑。

“新厝里”是一个爱称，更是一种品质。从“新厝里”走出来的林氏后代从不辜负这个美称，这里人才辈出，从 1977 年恢复高考以来，有大中专及以上学历者超过 160 人，林应福是老屋、全村的第一个大学生，还是 1977 年寿宁县高考文科状元。现在，林氏后代子孙依然保持着优良的家风，学有所成，业绩辉煌。林晨分别获得中国和欧洲的两个硕士学位。林德春在美国获得博士学位，现在是全球第一大油气物理勘探公司亚太地下成像业务的高级副总裁。“新厝里”以她人才辈出、源远流长的家族风范，展示了百年老屋的新华彩。而这百年老屋也成了这些在外游子深深的眷恋和心灵永恒的高地。

在一村民的热心引导下，我们来到了一座几近坍塌的朱家里大宅前。这是南澳村独具特色的建筑。此宅建造于乾隆八年（1743），距今已有 280 年的历史。房子由前厅、大厅、后厅组成，气势恢宏。在残存的木、石精美的雕刻里，我们仍然可以感受到当时朱家的昌盛和主人建造此宅用心之精到。据介绍，朱家后人朱承德在革命战争年代参加革命。当年国民党的民团为抓捕他，派了五六十个人把朱家里大宅紧紧围困。战斗坚持了一天一夜，朱承德中弹，为革命献出了宝贵的生命。这个悲壮的故事，为这座古老的建筑赋予了庄严的光环，让人敬仰。

明朝年间，在南澳村村边有云雾庵，清朝咸丰三年（1853）暴发山洪，冲毁此庵，仅留下一尊明晨钟。明晨钟造于 1602 年，距今已有 400 多年历史。此钟高 1 米，口径 0.5 米，上铸“云雾庵主持僧真禅，万历三十年十一月立”等字。据说，明晨钟经历了好几次失窃，却都神奇地回来了。1987 年明晨钟又失窃了。村民们到处寻找，始终不见踪影。多年过去了，村民们心灰意冷：这次明晨钟回不来了。2005 年正月二十四，村民们还沉浸在春节的喜庆里。早晨 10 时左右，一村民在南澳大桥上发现一个被纸张包着的东西，他打开一看，是明晨钟！村民们欢呼雀跃，失踪了 20 年的明晨钟完好无损地回来了。现在，这口明晨钟存放在南沃奶娘宫里。

南澳桥始建于 20 世纪 80 年代末，历经 10 多年的努力，才建成通行。在桥建成之前，南澳与外界的交往都是通过水路往来。自明清以来，斜滩槽水道畅通，最多的时候，停泊着200多艘船，绵延百里。南澳村处在斜滩槽中心的特殊地理位置上，沿岸村民多以当船工、纤夫为业。从南澳到斜滩是逆流而上，因此，货船都靠纤夫逆水倒拉纤，将船只运送到斜滩。从赛岐运货到斜滩的整个航程中，南澳到斜滩段，水流最急，行船也最艰难。为借靠团队的力量，船队一般都是组队同行，小队伍3条船，大队伍6条船。在急流处，至少要6个人一起将船只一条一条往上游送，船工们将这个过程取名为“拔濑”。如果遇到旱季，河水过浅，船工们还要“捡港”，将水道上的石头清理掉，使港道能够顺畅。已90多岁的林大爷回忆说，船工的工作十分辛苦。当时一条船运载的货物一般是12石，而这里的水面并不宽阔，船工们不能用绳索拉纤，只能站在河里，用肩顶，用手拽，用双手推的办法，6个人一起将船往上游送。这个过程需要几个人齐心合力，才能完成。他们喊着“哟嗬、哟嗬”特有的歌谣，脚蹬石头，身体弯得像一张弓，肩上、手上是一重重铁一般硬的老茧。世世代代的船工们就是这样用他们的汗水和热血，拉出了斜滩槽上一个个传奇，留下了勤劳善良、勇于开拓的南澳精神。

因祖先世代相传的教诲熏陶，或因久居山野的感悟，南澳人有山一样的朴实善良，有水一样的待客热情，形成了淳朴的民风民情。这里人才辈出，多名学子获得博士、硕士学位，成为全县闻名的人才村。而勤读力耕、立己达人，也成为南澳人的精神追求。2014年，广州泰源疏浚工程有限公司董事长、广州寿宁商会会长的朱祥明返回老家斜滩镇南澳村探亲，获悉寿宁县医院老式B超机常出故障误诊，就通过省扶贫“两会”冠名定向捐赠50万元，为寿宁县医院赠送一台彩超机。从2001年开始，他每年参与的善事不胜枚举，捐款35万元帮助母校——斜滩中心小学新建教学楼，为家乡筹建社会公益协会等慈善事业累计献出160余万的爱心款。朱祥明常说：“做点善事是我的福分。”我想，这也是一个村庄的福分。

我们款步于乡间小道，温柔相依的清秀山水，河溪上轻轻的鹅鸣，和岁月一道受风雨淘洗过的美好传说，静静地组成一幅画，一幅经久耐看的画。这就是唱着歌谣走来的南澳，她牵着长长的乡愁，长满记忆和甘甜。

姥姥的火笼

“地僻人难至，山多云易生。”这是明代寿宁知县冯梦龙在他的《戴清亭》中对寿宁的描述。“车岭车到天，九岭爬九年”“二三星斗胸前落，百十峰峦脚底生”，更是形象指出了寿宁的高、远和交通的落后。千百年来，特殊的环境锻造出寿宁人吃苦耐劳、勇于探索的意志品质，他们用自己的双手创造了独特的山地文化。“寿宁三件宝，火笼、棕衣、番薯米”“火笼当棉袄，棕衣当被躺，番薯当粮草”，也是寿宁人当时生活的真实写照。

岁月渐老，生活渐变，偶尔在老屋、农家收藏馆或在市场上看到这些物品，那些守候在血脉中的家园情丝，便徐徐而来，我仿佛听到了岁月震颤的声音，看到了这块土地沧桑而又珍贵的过往。有人想用手机或相机留下它们的影子，而我想用文字致敬给予我们温暖的家乡宝物。

寿宁的冬天异常寒冷，早上醒来，凉台上、树枝上、屋檐下到处都倒挂着冰柱。由于生活贫困，农村许多家庭都没有钱为小孩添置厚衣服，所以整个冬天多数人都衣着单薄，老人和孩子们都得依靠火笼来驱寒添暖。寿宁的火笼，跟大多数中国农村的火笼一样，内有一个类似花盆形的陶盆（也有用铁皮做的），外侧用竹片编织成灯笼形状，并在外侧中间位置加一个倒“U”形竹把手。冬天的时候在陶盆里加入烧红的火炭，就可以取暖了。一盆火炭能保持热度的时间大约三四个小时，因此，为维持热度，要不时地加些炭火。为了让陶盆里的炭火烧得持久些，老人们都围着围裙，这样既可防风又可保温。寿宁妇女们的围裙是用苎麻织成的，特厚实。火笼缓解了冷冻，麻织围裙加火笼，让每个中老年人都凸着个大肚子。在廊桥里坐的，在墙角边蹲着的，或在街上逛的，都是腹藏火笼的寿宁人。不时看到有人撩起围裙，拿出火笼，用一根竹片在陶盆里搅动几下，那是火笼里的炭火温度降低了，想让底层的木炭翻到上层，发挥余热。

那时，学校对提火笼上学也是不禁止的。手提火笼，肩背书包上学，成了山城每个学校一道独特的风景。其实，小小的火笼并没有什么热量，可它给大家带来的乐趣却不少。有时候，调皮的男生或女生会偷些家里的黄豆，放在清凉油的空瓶里，放在火笼里煨着。于是，课堂上会不时地传出“噼啪噼啪”的声音，一会儿，整个教室就弥漫着黄豆的香味。同学们都不约而同地寻找响声和香味的出处，课堂里自然是一阵躁动，正讲得带劲的老师十分气愤，没收了火笼和清凉油瓶。但在放学的时候，老师们总是将火笼还给学生，叮嘱一句：“火笼还你，清凉油瓶没收。下次再犯，火笼就不还了。”犯错的同学一阵窃喜：我家清凉油空瓶还有好几个呢。

寿宁的山多竹，农家生产、生活用具大多数都是竹器。大到晒稻谷的大晒垫，小到锅子里的蒸垫子，都是竹的舞台。在寿宁，所有的竹器师傅都会做火笼。不要看火笼小，但它可是个累活细活。师傅们把一根根竹子削剥成薄如刀片的篾片，用篾刀刨去竹片的青皮，再编织成可装陶盆的筒子，这需要十几道工序。竹子粗硬而锋利，师傅们的手经常会被拉开一道道的口子，鲜血直流，特别是在冬季，伤口很难愈合。而旧的愈合了，又有新的口子裂开。竹器师傅的手掌是由一个个伤口叠加起来的，十分粗糙，握之仿佛握着锋利的竹片。

火笼，代表着温暖，也意味着红火，兴旺。因此，寿宁人嫁女儿、搬新房一定得准备一对精致的火笼，祝愿女儿女婿一生温暖幸福，希望搬进新居的生活红红火火。姥姥的火笼就是从娘家陪嫁来的，精致得像艺术品。竹笼上编有双喜图案，竹笼细腻缝隙均匀，且十分厚实。一炉火能暖上大半天，这让姥姥十分骄傲。炭火在那大火笼的陶盆里，暖和了姥姥的青春年华，烘干了五个孩子的尿布片，也烤老了姥姥的时光。后来，城里的大舅送来了电火笼，姥姥用了半天，对妈妈说，还是我的竹火笼好，电火笼没有竹火笼暖和。于是，那只竹火笼继续烤着姥姥的岁月。补了又补的竹火笼，竹片儿换了好几茬，最后陶盆也开裂了，再也装不了热情的炭火了。看着散了架的竹火笼，姥姥着实伤心，抱着陶瓷盆，宛如抱着逝去的岁月。

如今，热水袋、电热饼、取暖器、空调取代了火笼，这种靠木炭取暖的火笼渐渐退出了历史舞台，但火笼相伴的那片岁月依旧在烘烤着家乡的万千乡愁。

蓑衣，农耕岁月的碑

穿蓑衣、戴斗笠的农夫在田间辛勤劳作的情景，是我们童年记忆影像里一道特殊的风景。在漫长的岁月里，蓑衣是我们寿宁农家的必备品，农村人们普遍用的雨衣，干活、行路甚至保暖都离不开它。它是农耕时代的一个标志，农耕岁月的碑。

在中国，制作蓑衣的材料很多，寿宁蓑衣是用棕毛缝制成的。寿宁的棕榈树不多，且比热带地区的棕榈树要低矮一些。它那像剑似的长叶粗硬张扬，让人无法亲近，所以，我小时候从棕榈树前走过，总是远远绕行。但当我了解到它粗糙的皮居然用处极大，表面覆盖着的丝竟能编结成蓑衣，为人们遮风挡雨时，我看它们竟觉得亲切了许多。下雨天邻居们都是头戴斗笠身穿蓑衣在稻田里犁地或插秧。棕毛做的蓑衣特别耐用，下雨天穿够厚实，它不但可以遮风避雨，穷人家甚至用它来遮羞掩丑。

编蓑衣并不是件易事，不仅需要精湛的手艺，还需要耐心与细致。编蓑衣有多道工序。首先是备料，包括剥棕、拆棕、梳棕、洗棕、绞绳、搓绳等。其次是编织领口。领口部位是最难缝制的，中间用蓑骨做成圆领口，两翼要略上翘。从塑形、定位，到穿针引线，都关乎整件蓑衣的质量和美观。买主们买一件蓑衣，首先，要看领口是否厚实，针脚是否均匀。第三，是拼接，缝线。穿蓑衣劳动，关键要轻便，灵活。所以蓑衣一般制成上衣与下裙两个部分。蓑面和蓑底要靠细线一针一线缝合连缀而成。老师傅们说，纯手工制作一件蓑衣要两天左右时间。了解到朋友的爷爷当年是编制蓑衣的师傅，我兴致勃勃地去拜访了他。老人已 80 多岁了，问及蓑衣的制作过程，老人来了兴致，从砍棕榈毛到最后成衣，滔滔不绝地道来。老人的儿子怕父亲说多了累，就接着话题说，父亲以弹棉被、编蓑衣的手艺养活六个孩子非常不容易。由于棕榈毛坚硬而富韧性，因此，父亲的手掌经常被棕毛刺得鲜血长流，手掌心上的老茧是一层又一层。说着，这位已近 60 的儿子眼睛湿润了，拉着父亲的手使劲揉搓起来，仿佛要将父亲手上的老茧都搓走似的。

非常有意思的是，蓑衣在我们的印象中，是农人、渔民辛苦劳作的标志。但在诗人眼里，却是自由的象征。你看柳宗元的“孤舟蓑笠翁，独钓寒江雪”，完全一幅文人隐世小舟，是在满江寒雪中自我陶醉的情怀。再看张志和“青箬笠，绿蓑衣，斜风细雨不须归”，让我们有一种置身世外的诗意和简约。而我最喜欢的还是吕岩《牧童》“草铺横野六七里，笛弄晚风三四声。归来饱饭黄昏后，不脱蓑衣卧月明”所表达的那份浪漫和洒脱。但是，蓑衣给普通民众留下的印象不是张志和笔下人生的旷达，而是生活的艰辛。

刚嫁到老张家时，我发现底层房间的土墙上，挂着一袭棕色的蓑衣，左肩有一个大洞，右下摆快要脱落了，只有几根棕毛勉强吊着它。我摸了摸领口部位，发现蓑衣还是挺厚实的。清扫房子时，我建议扔了它，但公公总是说，留着吧。问及先生原因。先生说，这是父亲从老家带来的唯一财产。当年，父亲的哥哥穿着这件蓑衣在田里插秧，被国民党抓了壮丁，挣扎中，他脱下蓑衣扔给才 14 岁的父亲："弟弟，蓑衣你留着穿。"没了双亲的父亲与哥哥相依为命，如今，哥哥也走了，父亲成了孤儿。18 岁时，穿着哥哥留下的蓑衣，父亲从乡下老家独闯县城，与母亲一起，一片瓦，一担土，建起了这座土木房子，有了自己的家。在接下来的长长 20 年的岁月里，我经常发现，公公一有空，就会用鸡毛掸轻轻地拂去蓑衣上的灰尘，摸着蓑衣。看着公公的动作，我知道，这件蓑衣对于他，已不再是遮风挡雨的雨具，而是一份浓浓的思念和对过往岁月的深情怀想。

如今，时代发展了，许许多多简便、美观的雨具出现在我们的生活里，蓑衣退出了它最初的舞台。但它又以另一种身份出现在我们的视野里，在一些农庄、一些茶馆，它被挂在墙壁上，以纪念物的形象，把现代人朴实、怀旧、感恩的情怀加以表达和释放。

薯米喂养的乡愁

番薯的娘家在美洲，千里迢迢远嫁中国，繁枝茂根，将它甘甜的爱情奉献给了中国。“叶可肥猪，根可酿酒。切为粒，蒸曝贮之，是曰薯粮。”这位美丽的新娘以其朴实和善良，养活了我的大江南北。生长在山区的我，吃着番薯长大，早已从骨髓深处烙上了番薯的基因和风骨。明代博物学家、诗人谢肇淛在《五杂组》写道：“闽中有番薯，似山药而肥白过之，种沙地中，易生而极繁衍，饥馑之岁，民多赖以全活。”亦有县志记载：“每日三餐，富者米饭，贫者食粥及地瓜，虽歉岁不闻饥啼声。”正是因了番薯，这世间少了无数的饥饿，而多了几多的温暖和甜美。

改革开放前，地处崇山峻岭的家乡，田少而贫，单季水稻根本无法满足农民一年的口粮，因此，每年冬春四五个月的时间，红薯是家乡村民的主粮。清代诗人胡健所写《薯米》中有“番薯当米度年华”，正是这种生活的写照。印象中，寿宁番薯成熟时，已是冰柱挂满屋檐的时候。那时，每户农家都有几个番薯切丝推子。切丝推子是在一块木板中间镶嵌一张锋利的、有着四五排切丝孔的铁片。那些熟练的推手——阿婆阿婶们将推子放在一个大筐上，推子一头顶在洗番薯的大桶边，一头顶在肚子上，左手扶着推子，右手拿着洗好的番薯，像木匠推刨子似的推着红薯。这可是个技术活儿，首先，右手掌要够大，可以将整个番薯握紧，当然，手掌不够大的，只能挑小个番薯了。其次，力气要够大，可以将番薯顺利地往前推，否则，就会脱落。其三，速度要快。沿河边上，大家围在洗番薯的大水桶边，刨着薯米，静悄悄的，但此时无声胜有声，每个人都暗中铆足了劲，在比着谁刨得多而快。这时的河滩就是一个大赛场。最让我佩服的是，那些阿婆阿婶们能将剩得只有一厘米薄的番薯，用大拇指和食指挟紧，继续快速地刨着薯丝，而且不会刮伤自己的手。最后，留在她们手中的只有像纸张似的一层番薯皮儿。我在旁边看着，手痒痒的，央求阿婶让我试试。但我总是在手中的番薯还剩下很厚的时候就开始害怕，不敢继续推了。

在近一个月的时间里，农家阿婶阿婆们要早早起床，来到河边，为的是尽快将男人们从高山上挖回来的番薯刨成丝并晒干。那时，寿宁的河床还很宽阔，大家在河边架上一排木桩子，将寿宁竹篾师傅特制的篾簟斜放在木桩子上，与地面呈 45°角。阿婶们将刨出来的薯丝均匀洒在上面。那一排排薯丝白如雪，在太阳下，慢慢曲卷起来，散发着香甜的味道。而那些阿婆、阿婶们搓着冻得通红的双手，大声谈笑着，把清晨的寒露驱逐个精光，整个河滩热闹而温暖。家乡高寒，一到晚间，秋风萧瑟，经常会有薄薄的晚霜降临，而经霜露滋润过的薯米会多一份甜度。薯米干透后，就收起，一担担挑回，储存在自家的粮仓里。在漫长的冬天，全家人就吃着这薯米，抗御着寒冷。也有吃不完的，就拿去喂猪或鸡鸭，偶尔也出售，但似乎便宜得很。

小时候，住在我家隔壁的是金华婶一家。金华婶是金华人，爱上了在金华打工的寿宁丈夫，逃婚来到寿宁。她的夫家是务农的，家里人口多，全家人多数时间里都得吃薯米，白米饭是极少的。初到寿宁的金华婶吃不惯薯米，一碗薯米饭端在手上就是咽不下。眼看着远道而来的新媳妇腰身越来越细，婆婆看在眼里，疼在心里。每次盛饭的时候，都会在薯米下面偷偷地装上半碗白米饭，并暗中嘱咐金华婶站着吃饭，因为站着，其他儿媳妇看不见金华婶碗里装有白米饭。这碗里的秘密温暖着金华婶，让她对这个家不再感到陌生，即便是后来的岁月极其艰难，她也从来没有后悔当初自己的选择。

为了让番薯能存放得久一些，寿宁人除了加工成薯米外，还在土垄边上挖个土窖存放番薯。因为天气寒冷，放在土窖里的番薯到来年春天也不会腐烂。小时候，我们最喜欢最经常干的事情，就是将小个子番薯放在火笼里烤着吃。那时，学校允许学生带火笼进班级，所以，我们就会带上一些黄豆、番薯放在火笼里烤着吃。香豆味、烤薯香在班级里飘荡着，大家用力吸着，顿感活力倍增。寒冷的冬天能吃上一块热腾腾的烤番薯是件幸福的事，有时候，看到有人卖烤番薯也会买着吃，但总是吃不出小时候火笼烤番薯的味道来。

寿宁黄沙土十分适合番薯的种植，加上地处高寒，所产番薯品质优良，用寿宁番薯蒸晒出来的番薯干，甜而软，十分畅销。清代王士雄《随息居饮食谱》说地瓜可以“切而蒸晒，久藏不坏”，说的就是地瓜干的做法。每到农历十一月，我都会选买家乡的番薯干寄给远在他乡的母亲。母亲说：“还是家乡的番薯干好吃，松软不贴牙。”于是，每年这样的日子，从农家阿婶那里买到在木桶里还带着温热的番薯干时，是我最幸福的时候，在那松软的金黄色里，长满我对母亲的思念和热爱。

如今，儿时可以掏鱼的蟾溪河已鲜有鱼儿，宽阔的河床也被日益高耸的砖瓦房挤占，那些河滩上沾着冰柱的笑声也已随风远去。番薯饭也不再是人们的家常饭了，虽然番薯有时也端上饭桌，那不过是人们在吃厌了大鱼大肉后的尝鲜而已。但留在我们记忆深处雪白的薯丝和糅合在番薯里的温暖，如一缕和弦轻弹着我们的乡愁。

探密古银坑

久远的历史，仍然可以在寿宁这块偏僻的土地上寻到踪迹，官台山、炭山、炭岔头、太监府、库坑、乌风洞，寿宁大安一带大大小小的几百个银坑和与银坑文化相关的地址、物件，见证了寿宁先民的勤劳和勇敢。而“古银场平匪催生寿宁设县”，更是成就了一段历史的辉煌。

据史料记载，官台山明朝称“官寨山”。当地银矿的白银生产量，在当时福建乃至全国金融市场流通中占有重要的地位。明永乐年间（1402—1424）就有人在官台山开采银矿，其中大宝坑银场是“闽浙四大银场”之一。明代朝廷曾派有太监充当“矿监税吏”，后人把太监的驻地称为“太监府”，遗迹在大安乡溪乾村。官台山地势险要，明永乐二十二年（1424）农民周叔光（浙江丽水人）、王均亮（政和人）即在官台山举旗起义，后受招抚。明景泰年间，浙江丽水人郑怀茂为首聚众2000余人，占据官台山寨乌峰洞武装采银。景泰六年（1455）闽浙都御使刘广衡檄同福建按察副使沈讷，率兵进驻“征剿”，并于端午节前一日攻占官台山寨。刘广衡、沈讷以官台山据险阻要隘，深恐矿工武装“时或窃发，为久远计，莫若立县以统治之”，报请朝廷设县。同年八月，明朝廷同意呈报奏折，划出建宁府政和南里、北里、东里十至十五都，福宁府福安平溪里十一至十四都成立了寿宁县。县治杨梅村（今县城所在地），隶属建宁府。一个与银坑、与明代银税历史息息相关的小山县开始了它发展中兴的历史。

长期以来，热爱古银洞文化的寿宁有识之士，早已开始探访大安古银洞的秘密，并有不少的发现和研究。2015年6月，天气虽然炎热，我和寿宁县传统文化研究会一行九人，在大安文化站范站长的陪同下，来到大安寻访古银坑，探寻寿宁建县文化的源头。

驱车往大安炭山、官台山方向，一路弯弯曲曲，颠簸了五公里左右的路程，一片葱茏茂盛、古朴幽静的树林清爽入眼。带路的村民吴培仁说，公路下方有一个古银坑。看着荆棘丛生的古树林，我们犹豫后决定前去探险。吴培仁用柴刀开路，在茂密的树林中劈出一条山路。荆棘丛中，我们艰难前行，大约经过半个小时，古银坑洞口才出现在我们面前。洞口雾气浓郁，寒气逼人。我们小心翼翼地入洞，洞口十分狭窄，只能容下一个人进出。面对突如其来的不速之客，洞内的精灵蝙蝠惊恐而起，它们开始嘶叫着，挣扎着，贴着石壁四处起舞。看着它们惊慌样子，我感到不安，并尽量放轻脚步。洞内十分潮湿，四壁可见到乳胶似的奇异景观，在手电筒的微光下，发着五彩斑斓的光芒。这时，走在前面的李会长说，大家快来看“银瓜”。我走近观看，只见许多大小不一如大碗状、盆状的凹陷石窝。吴先生说，这就是“银瓜”，都是已经取走银矿石后留下来的石窝。洞内地面散落着细小的碎石，冰凉的清水贴着石壁轻轻地漫流着，洞壁是凹凸不平的石英岩，酱红色的岩石在手机电筒的照射下，泛着银光。我们弯着腰艰难前行，冰冷的水滴不时滴在头上或脖子上，让我打了寒噤。脚下到处都是水窟，一不小心就会湿了整双鞋子。整个钻洞的过程不足半个小时，但我感觉十分漫长，我想，古代的采银人在这洞里一干就是十天半个月的，其艰难可想而知。洞的上方可见光线照射，一线天的景观让几个摄影家惊喜万分，咔嚓声此起彼伏。古银坑不长，约 20 米长，洞内温度在 13℃左右，洞内洞外可谓是冰火两重天。

在范站长和吴培仁俩向导的带领下，我们继续前行，一鼓作气穿行了三个古银坑。古银坑各具特色，又有相同点。先民在这里开启了寿宁的历史，在这里留下了弥足珍贵的精神文化，也留下了谜一样的传说，让后人怀念不已。

腊八粥的祝福

岁月转逝如流水，又是一年腊月时。来自寿宁子来桥头腊八粥的祝福，又开启了腊月里寿宁人浓浓的期盼和深情的感恩。

中国人庆腊月活动的历史十分悠久，夏代称为“嘉平”，商代称为“清祀”，周代称为“大腊”。活动以祭祀百神为主题，向百神报告“年丰物阜”的好年景，感谢百神保佑来年有好收成。南朝梁的宗懔在《荆楚岁时记》中明确记载说：“十二月八日为腊日。”于是，腊八这天便成为腊月里重要的一个节日了。而中国人喝腊八粥的历史，也已有一千多年。最早开始于宋代，每逢腊八这一天，不论是朝廷、官府、寺院还是黎民百姓家都要做腊八粥。到了清朝，喝腊八粥的风俗更是盛行。在宫廷，皇帝、皇后、皇子等都要向文武大臣、侍从宫女赐腊八粥，并向各个寺院发放米、果等供僧侣食用。在民间，家家户户也要做腊八粥，祭祀祖先；同时，合家团聚在一起食用，馈赠亲朋好友。寺院僧尼所煮的腊八粥也称“佛粥”，佛粥一送施主，二济穷人。民众们认为，喝了能得到佛祖的保佑、增福添寿，因而腊八粥也叫作“福寿粥”和“佛粥”。

据说腊八粥传自印度。佛教的创始者释迦牟尼是古印度迦毗罗卫国（今尼泊尔境内）净饭王的儿子，他见众生受生老病死等痛苦折磨，又不满当时婆罗门的神权统治，舍弃王位，出家修道。初无收获，后经六年苦行，于腊月八日，在菩提树下悟道成佛。在这六年苦行中，每日仅食一麻一米。后人不忘他所受的苦难，于每年腊月初八喝粥以做纪念。

腊八粥用五谷杂粮熬煮，用的是营养价值高的食材，又有中国人喜欢的吉祥数字“八”，饱含人们祈求幸福的愿景。历史上有许许多多诗人争相咏颂腊八粥，留下了不少脍炙人口的名篇佳作。宋朝诗人陆游的《十二月八日步至西村》写道：“腊月风和意已春，时因散策过吾邻。草烟漠漠柴门里，牛迹重重野水滨。多病所须惟药物，差科未动是闲人。今朝佛粥交相馈，更觉江村节物新。”诗人指出，虽然已是寒冬，但已露出风和日丽的春意。柴门里草烟漠漠，河边有许多牛经过的痕迹。腊日里人们互赠着、食用着腊八粥，更让人感觉到清新和温暖。诗人乐观向上、尚善浪漫的情怀一跃诗间，让你身处寒冬却暖意浓浓。

对于生活在高寒山区的寿宁人来说，最高兴的事莫过于年末谷仓丰满时。农事忙完，牛儿进了牛圈，锄头放入屋角，悠闲地吸扦土烟，幸福而满足。家庭主妇们却忙起来了，精打细算地准备着年货。她们奉献给家人的第一份过节礼物便是腊八粥。主妇们精心熬煮，把对家的爱和祝福都熬进这碗粥里。辛劳了一年的农夫们喝着热腾腾的粥，仿佛一年的艰辛一扫而光，自豪、温暖的感觉芬芳四溢。

小时候，家里经济拮据，母亲难以找上八种食材来煮腊八粥，最多只有三四种食材。但因放了红糖，大家喝得十分香甜。每每喝腊八粥，我们舍不得大口喝完，总是小口地喝着，大家暗自较量着，比谁喝得慢。

在很长的一段时间里，寿宁人过腊八节的气氛并不浓厚，新一代的孩子们有相当多人不知道有腊八节。让寿宁人感受腊八节的温暖，品尝腊八粥幸福的是三峰寺的僧众们。寿宁三峰寺赠送的腊八粥，用糯米、玉米、桂圆肉、冬瓜糖、蜜枣、三种大小红豆、花生米、白糖等八种食材熬煮而成。每到腊月，三峰寺的师父和义工们就忙起来了。他们要准备两千多斤的食材，有四十多人参与其中。腊月初五、初六开始，多种食材就要浸泡，到初七，从晚上八点开始，四五个大锅同时开始熬煮，四十多人轮流着，通宵达旦地坚守在炉边。

初八清晨，天光还未放亮。寒风凛冽中，几十锅饱含三峰人辛劳和祝福的腊八粥已熬煮出来，被运送到了寿宁人气最旺的了来桥头。人们争相前往，不一会儿就排上长长的队伍。当人们端着一碗还热气腾腾的腊八粥走出来，脸上绽放着幸福和快乐。人们相信，喝了这“佛粥”，就喝到了吉祥和安康。三年了，每年三万份的“佛粥”，祝福绵绵，吉祥永远。

我赶到子来桥头，发现等粥的队伍已很长了，要赶时间上班的我，驻足犹豫着。一位大娘，拿着一碗粥递给我说，我看你好像没时间排队，我有时间，这碗先给你吧。我接过，温热的粥暖和着我的双手，也暖和着我的身心。我虔诚地捧着粥一路小跑着，宛如捧着幸福，捧着希望。

喝腊八粥，喝的是温暖，是对谷的纪念，是对辛勤劳动的敬仰。腊八粥，裹着浓浓的情，芬芳了岁月；腊八粥，融着深深的爱，温暖了亲情；腊八粥，孕育着幸福、吉祥、平安与快乐！

记忆中的年味

带着万般思绪的年关又到了。每到这关头，我总是忐忑不安，忐忑的是又一年光阴走了，轻轻地走了。不安的是这一年年日渐淡漠的年味，以至于，我总喜欢用记忆中的年味慰藉失落的心境。

少时的年味总是充满魔力的，让人心中装满浓烈的期盼。进入腊月后，我们就数着日子盼着过年。时不时从箱子里拿出母亲为我们准备的新衣服比画着，那份对过年的憧憬和激动，至今还散发着浓浓的甜味。

记忆中的年味是满大街此起彼伏的鞭炮声，是长辈给孩子准备的压岁钱，大人小孩身上添置的新衣、母亲精心准备的年货，是大街上的车水马龙，川流不息。而在异地他乡，年味中的上味是对家乡、对亲人的思念之情。

家乡地处偏远，在物质生活匮乏的时期，只有到过年，母亲们才会卤些肉，炸些豆腐、带鱼、紫菜团之类的东西。当然，年糖年饼是必须做的。寿宁的主妇们个个都有制作年糖年饼的好手艺。我的母亲是斜滩人，她制作的年糖年饼，口感清脆，非常好吃。由于经济困难，食材有限，母亲制作的年糖年饼数量不多。让我们品尝一点后，母亲就把它们深藏起来。我们兄妹实在抵挡不了它们的诱惑，总是各显神通寻找着，翻柜子，挖缸底，甚至倒米缸。我们都认为，只拿一点点，不会影响大局，母亲一定不会发觉。经过我们轮番光顾，等到家中来了客人，要拿东西招待的时候，母亲发现，大多数物种已呈稀少状态。气愤的母亲拿着驯儿神器——麻竹枝，追赶着四处逃窜的“神偷”们。经过一年又一年的较量，一个事实让母亲十分无奈，那就是家只有那么大，能藏东西的地就那么多，而家贼的本领却是一年比一年神。于是乎，母亲怕过年，“神偷”盼过年。

最早散发年味的是腊月二十三，俗称小年，这一天是祭灶日，名曰“请灶神”，民间有“腊月二十三，灶王老爷上天”的说法。寿宁人每家每户都设有“灶王爷”神位。我们称这尊神为“灶君司命”，传说他是玉皇大帝封的“九天东厨司命灶王府君”，负责管理各家的灶火，因而受到供奉。而腊月三十是“送灶神”日，供奉仪式与祭灶日相同。在这两天里，母亲都会准备好清斋五供，供奉在“灶王爷”神位前。在一炷香后，放了鞭炮，仪式完成。母亲念着“吉祥平安”，分发了糖果水果。这一请一送寄托了劳动人民辟邪除灾、迎祥纳福的美好愿望。

寿宁传统的年味里，最具特色的莫过于每家每户做“脚肚糍”。

“脚肚糍”，寿宁话意为“走时”，就是走运的意思。“脚肚糍”是以粳米为原料，用寿宁高山上特有的高碱野树烧成的碱灰，经过一天的浸泡，放入大木桶里蒸煮。蒸熟后，放入寿宁人特制的大石臼里，用木棰将其捣至糍粑状，趁着有温度韧性，搓成脚肚子状。“脚肚糍”制作过程，讲究的是配合，注重的是集体的力量。使锤的是男人，需要的是力气，在石臼里翻转米团的多数是女人们。翻转米团的活儿看似简单，实则暗藏技巧。在高举的木棰落下之前，要俯身将石臼里重达六七十斤的米团翻转过来，速度要快，力道要足。这一锤一转，配合默契，如行云流水，让围观者目不暇接。寿宁的房屋建筑风格，多数是五进式、三进式，住着近十户人家，每家每户轮流做“脚肚糍”。一家做“脚肚糍”，其他各户都会来帮衬，场面十分壮观。整个厅堂吆喝声、欢笑声此起彼伏，小孩抓着热腾腾的糍团开心地吃着，嬉戏着。此景此境，让你忘却了所有的烦忧，邻里间曾有的不愉快也瞬间云开雾散。“脚肚糍”原汁原味，纯手工制作，口感柔软，意蕴喜庆，深受大家喜欢。

除夕为一年之终，出门在外的人全都返回，合家团聚，吃年夜饭、团圆饭。这天，每家每户大门上的春联、红红的灯笼、喜庆的窗花年画等，把人们对来年的期盼照耀得通亮通亮。

小时候，我们的除夕夜过得很充实。晚饭后，我们被许可试穿了新衣服，新鞋子。到晚上九点左右，母亲为我们端上加了墨鱼干的猪蹄汤作为守岁点心。这猪蹄汤炖了一个下午，汤的香味儿也飘了一个下午，飘至屋里的每一个角落，甚至渗透到我们的每一个毛孔里。在那些艰难的岁月里，不管多么不容易，母亲都会在除夕夜为我们端上一碗墨鱼猪蹄汤。成家后，我学做的第一份汤就是猪蹄墨鱼汤，但总是品不出当年的那个味儿。

跟大多数地方一样，寿宁人过除夕夜，也有“守岁”

的风俗，有“一夜连双岁，五更分二年”，据说要是能一夜不睡的话，就会头脑清醒，长辈长寿。那时候，没有电视，更没有春晚，要熬到十二点以后，着实不容易。为了不让自己睡着，我们会到大房的大厅里坐着。因为寒冷，我们不时地要起来跺跺脚，坚持到十一点，我们困得上下眼皮直打架，母亲不忍心，催促我们上床睡觉，而我们总是坚持到十二点之后，年幼的我们坚信自己的坚守，能让父母长寿。

初一日，母亲早早起了床，虔诚地沐手焚香，祭拜了灶神，父亲放了鞭炮，我们也快速起了床，穿上新衣服，向父母拜了年，互相说着“新年好”的吉语，喝着橘皮冰糖茶，幸福、甜蜜挂在每个人的脸上。母亲为我们精心准备了十道素菜的早餐，菜名都与红火、吉祥、长寿有关。母亲将她对家人的祝福都融入这象征十全十美的十道菜里了。

吃好新年第一餐后，父亲看了“通书”，选择好宜行的方向，兄妹一起一家一家地向长辈拜了年，再约上表兄妹、好朋友，到街上或山上走上一圈，高高兴兴地回到家里。而守在家中的母亲已为我们泡好了糖茶。出行归来喝糖茶，图个全年的好运气。

春节里，县城大多数人的娱乐节目是看电影，从初一至十五，县电影院将影片名高高挂在大街上，人们记着自己喜欢的片名，到时约上同学、朋友一同观看。带一些零食到座位上，一边看着，一边吃着，着实饱了眼福、口福和“心福”。

寿宁一些乡镇的春节娱乐节目要比县城丰富得多。斜滩的台阁铁枝民俗表演，坑底的本地方言《马仔歌》演唱、提线木偶表演，南阳的乡人傩、桐剧表演，凤阳的北路戏表演，节目丰富多彩，深受大家喜欢。而最具广泛性的节目就是舞龙灯和舞狮。舞龙舞狮在民间由来已久，龙是中华民族的图腾，象征着吉祥、高升、发达；狮子则象征勇猛、威武。所以舞龙灯和舞狮十分受欢迎，百姓一看到敲锣打鼓到各家拜年的舞龙和舞狮队伍，都要送上一个有分量的红包，或将家中孩子的衣服放到龙嘴、狮头上转一转，以保孩子健康吉祥。

元宵节也叫元宵散，是过年的最后一天，过了元宵节意味着过年的一切禁忌解除了。该出门的就出门，该干活的干活儿去，母亲们训儿的嗓门也大了起来，讨账的人也大胆地去要回自己被欠的钱物，只有搬家和小孩剃头禁忌到二月初二。

闹元宵，其实也是民间的一次文体活动。城区的人们会在廊桥或庵堂组织做清醮，大伙儿布道场、设斋菜，忙得热火朝天。有些乡村举行“搭九楼”“元宵福”等活动。在这些活动里，大家互相配合，都奔着一个共同的目标而去，那就是，新的一年吉祥幸福，万事如意。

这一道道庄严虔诚的仪式感让身处其中的我们肃然起敬。那一份份对长辈、亲人的恭敬之礼，对晚辈的护佑之情，是中华民族传统美德的炫丽之花。我们祈盼她永不凋谢，永远美丽。记忆中的年味是希望的味道、幸福的味道、欢乐的味道。这味啊，品在心中，也印刻在日益增多的皱纹里，越来越多，越来越长。

茶香氤氲龙虎山

寿宁龙虎山，确实是一个藏龙卧虎之地。

从寿宁县城到龙虎山只需要 20 分钟的车程。初夏来这里，实是正当时。下得车来，首先让你看到的是一个圆形的大水潭，四周植物翠绿、枝繁叶茂。置身其中，风清气爽，让人感到炎炎烈日下的无比惬意。抬眼四望，蔚蓝的天空下，静美的茶园连绵而长。有人说，山不在高，有仙则名，水不在深，有龙则灵。寿宁龙虎山是因茶而名，因人而灵。

1959 年创办的龙虎山茶场是一个国有农垦企业。在这里，茶叶泰斗张天福先生度过了九个春秋。20 世纪 70 年代，张天福来到龙虎山“五七”茶场从事生产劳动。他带领职工和知识青年推广科技成果，改造低产茶园，建立丰产茶园，指导职工改进制茶工艺，使龙虎山茶场的茶叶单产、质量、售价名列当时宁德地区第一位。

“我在寿宁待了九年，寿宁是我的第二故乡。”回忆在寿宁的日子，张老深情地说，“我当年发现寿宁茶叶品质很好，但却制作不出好茶叶，就思考着如何提高寿宁的茶叶制作技术问题。”在张天福的精心努力下，当年寿宁培养出一批制茶能手，并引进了“54 式揉茶机”设备，极大地提高工效，提升了茶叶的产量和品质。

缘分，真的是一种很奇怪的东西，有人因一句话而相知，有人因一个眼神而心有灵犀，而严良英与张天福的旷世师生情却是因为一杯茶。严良英回忆说，当年，她是龙虎山农场的知青，有一天，几个知青在一起喝茶，茶是张天福老师刚制出来的。过了几天，张天福老师又请知青们到他的茶叶评审室喝茶，一群知青高兴地围坐在一起，张老师在每个人面前放了三杯茶。良英喝到第二杯的时候，对张老师说，张老师，这泡茶我五天前喝过。张老师一听，高兴地大笑起来，就你了，来跟我学茶叶评审吧。原来，张老师一直有个愿望：为寿宁培养年轻一代的茶叶评审专家。就这样，一杯茶将两位的师徒情紧紧联系在了一起。在以后的九年时间里，张老师手把手地教她，从收茶青、杀青、揉捻到焙干，张老师都严格要求。严良英十分珍惜这个机会，一丝不苟地学着。每当张老评茶时，桌上会先一字摆好乌龙茶与红、绿茶的标准评审杯具各十套，每套杯具都有编号，哪一号茶做得不好，马上叫茶工们修正。有一次，张老师喝出一泡茶有烟味，叫来制茶师了解。制茶师不好意思地说，昨天晚上，打瞌睡了，过火了。张老师随即把那批茶叶舍弃了。

良英说，与茶接触久了，张老师身上有着浓浓的茶质，简单、执着、淡定而高雅。当时，张老师受到了不公平的待遇，被下放到这深山里劳动，但他没有颓废，始终保持着乐观的心态，认真种茶，用心制茶，精心审茶。处深山之中，食物缺乏，业余生活十分单调，但因张老师的带动，欢笑声不断。当时张老已 60 多岁了，但洗冷水澡，晨起锻炼，他比年轻人还能坚持。相处久了，大家和张老称兄道弟，十分融洽。有一次，一调皮知青，故意拿了同一品茶，泡了五杯，对张老师说，张老师，你帮我评审一下，哪一品茶好。喝了五杯，张老师对他说，这里只有一品茶，你小子是考我呀。小伙子惊叹不已，大叫："神人，神人!"

良英回忆说，张老对茶叶像对自己的孩子一样，每一天都要上茶山巡视几次。他的身上从来都带着一把剪刀，看到不平整的地方，都一一剪平。他跟良英说，我走过很多地方，寿宁茶叶的品质是最好的，这里山高雾多，所产茶叶带有自然的香味。提高制作工艺，保持茶叶的自然香味，就是我们这些茶师的职责。

如今，当年的小知青严良英也已年过半百，回想起与张老学茶的岁月，她充满了感动和感恩。她深情地说，看张老评审茶叶，就像是看精彩的茶道表演，是一种美的享受。望、感、闻、尝，在张老那里，每一道程序都如同朝圣般神圣。热水的温度、三泡茶浸泡的时间，他都严格计算，不差一秒。张老评茶不光用眼、手、口，还用心和整个的精气神，那是一种近乎入禅的境界。

在龙虎山茶厂，我们参观了张老当年工作的评审室，那里摆放着他用过的和他发明的制茶工具。很多工具我们是第一次见到，大家七嘴八舌地询问，展厅的工作人员忙着一一介绍。从这些年代久远的工具中，我们看到了一代茶人的努力和他对中国茶文化的杰出贡献。弃医从农，张天福一生与茶为伍，一生以茶为乐。张天福深入研究中外茶道、茶礼，集古今茶文化之大成，1996 年提出"俭、清、和、静”的四字中国茶礼，他说：茶尚俭、勤俭朴素；茶贵清，清正廉明；茶导和，和衷共济；茶致静，宁静致远，以此提倡文明健康的生活方式，提高人们的生活质量，他还把四字饮茶礼仪升华到为人处世之道，认为这是中华民族几千年来提倡的高尚品格和处世哲学，在当今市场经济发展的新时代尤为宝贵。

寿宁种茶的历史十分悠久。我想，那些历经千百年仍然郁郁葱葱的茶林，就是勤劳质朴的民众用劳动创造美好生活和深厚文化的最好见证。绵延巍峨的洞宫山脉，高山群峙，终年云雾缭绕，日照充足，雨量丰沛，各种植物繁荣茂盛蓬勃生长。那些层层茶园、梯田，是寿宁人民用劳动和智慧创造的独特景观，茶文化和梯田文化构筑了寿宁民众生产生活、社会经济、生存生态的文明大厦。而龙虎山茶山就是这样一种生活状态的缩影。风声云影，龙虎山无处不是茶精灵的歌声。“天赋识灵草，自然钟野趣。闲年北山下，似与东风期。雨后探芳去，云间幽路危。唯应报春鸟。得共斯人知。”陆龟蒙在他的诗中，将茶视为灵草，我想不止是因为茶香入口，更是因为茶性入心，茶质入神。

此刻，我想与龙虎山的茶园对话，大美无声，天地静逸。一辈子与茶为友，一辈子只干一件事，品茶，品味，品人生，泡在茶水里的岁月，历久弥新，更令人怀念。龙虎山茶绿年年，张老的茶情不了。沿着绵绵千里青绿的茶园走向全国的寿宁高山茶品牌，是对这片土地和张老最深情的报答。而我唯一能做的，或许就是静静地守着云雾升腾，守着眼前满目青绿的美好，然后，轻轻地咀嚼，慢慢地品味。

在粽香里闪烁的怀思

端阳是最多思的，追思，相思，忧思。端午是最多情的，爱国情思，家乡亲情，他乡思情。

年年端午，今又端阳，汨罗江魂，千古绝唱。几千年不曾忘记的膜拜，寄往西去的涛声，递往楚地荆台。“千年流水去滔滔，此日人来吊汨罗。江上画船无买处，闭门风雨读离骚。”宋代诗人胡仲参道出了我们的思念之情。

五月初五是中国古代伟大诗人屈原投汨罗江殉国的日子。两千多年来，每年的农历五月初五就成为纪念屈原的传统节日。吃粽子、划龙舟，倒挂艾蒲，成了几千年来各地民众纪念屈原的方式，同时寄寓着人们对幸福和安宁的希冀。而在寿宁，民众是五月初四过端午，这个习俗与寿宁一场战役有关，与寿宁开宗建县有关。“千秋今节成佳话，仍过端阳第四天”，这是寿宁清代贡生柳遏春《官台山怀古》的诗句，写的便是寿宁县五月初四过端午节与官台山的渊源。

明景泰元年（1450），福建沙县农民起义军邓茂七的余部郑怀茂（今浙江丽水人），在浙江泰顺罗阳村被浙江布政使孙原贞击溃后，聚众两千多人，由今浙江泰顺县罗阳镇经寿宁县坑底乡司前村奔入官台山，盘踞黑风洞，与官府对抗武装采银，残害百姓，寿宁民众苦不堪言。

明景泰六年（1455），闽浙都御使刘广衡和按察副使沈讷等严密布置，打响了官台山战役。1455 年五月初四，乡民提前过完端午节，然后挑选精壮乡民数十人，抬猪、羊、牛、酒等，登上官台山，以犒劳为名混入官台山寨为内应。郑怀茂不知是计，于当晚聚众痛饮，直喝到初五凌晨，手下个个烂醉如泥。这时，沈讷率大军，以乡民刘良、李球、刘斌、黄继黑、童广润、黄普英、韦荣进、刘回广、黄普要、金留住、吴友卿、王海、范住等十三人为向导冲上山去，与送礼的乡民里应外合，内外夹攻。一时杀声冲天，郑怀茂及其部下猝不及防，全军覆没。郑怀茂眼看大势已去，头戴石舂臼，自己杀出一条血路，奔向今天大安乡的倒臼洋村，被村民射杀而死。明将沈讷亦身中两箭一枪。官台山一战，官民大获全胜。与此同时，沈讷以官台山地势险要而偏远，非建县控制，无以靖后，与刘广衡一起奏请朝廷置县。八月获准，明朝廷划出政和县南里十都，北里十一都、十二都、东里十三都、十四都、十五都和福安县平溪里十一都、十二都、十三都、十四都设置寿宁县，县治杨梅村（鳌阳镇），隶属建宁府，首任知县为陈醇。寿宁进入县治时代，也开始了飞速发展的历史。五百多年来，寿宁民间便沿袭着五月初四日祭祖过端午节的习俗，以纪念征战官台山英勇杀敌的十三勇士和村民。

寿宁有句俗话："父母盼中秋，女儿盼端午。"在寿宁，女儿出嫁后，每逢春节、中秋节，女儿、女婿必给娘家送大礼，父母则在端午节给女儿、女婿回礼粽子和鱼。我出嫁后，每到端午前几天，母亲便忙起来了，从未上山砍过柴的母亲居然也跟着大家，到山上砍来一种含碱的野树，晒干后烧成灰烬，用清水浸泡，再用沉淀后的树碱水浸泡糯米，这种被碱水浸泡过的糯米晶莹剔透，呈淡黄色。然后，母亲将煮好的赤豆碾成糊状，加入红糖，搓成圆形，作为粽心。母亲包的粽子，扎线紧，蒸煮时间长，口感香甜嫩滑，带着淡淡的甘雅。母亲精心地做着其中的每一道工序，虔诚而专注，把对女儿的祝福都揉进甜美的粽子里了。

我是在一个住着近 20 户人的大房子里长大的。每到端午，邻里之间相互帮衬着，一家包好到另一家。那几天，每家的炉灶都烧得旺旺的，争相蒸煮着粽子。整个小院都萦绕着糯米、红枣、赤豆的香味。第二天，每家主妇都会把自家的粽子送给邻居，一送一回间，互相夸着对方的粽子，邻里亲情也热乎起来。

记得小时候，母亲会在五月初四的午时，让我们喝点雄黄酒，还会用菖蒲梗或筷子头挑起雄黄，涂在我们的额头、脑门和脚肚子上，据说这样可以辟邪驱虫。我们一个个大花脸似的，互相取笑着，直到第二天才把花脸洗干净。

寿宁还有句很有意思的老话："溪飘粽叶，棉衣棉裤箱里送。"提醒人们端午节过后真正的夏天到了，可以把棉衣洗晒后收藏起来，等天凉了再穿。是的，天凉天热，时光就这样在纷至沓来的节气中消失了，而再见的已然不是原来的日子了。现在，母亲已老，再也砍不了碱树，再也包不了粽子了，但她总要交代嫂子去买些粽子，大老远地寄来。这样的粽子虽然没了母亲手感的温度，但依然带着母亲的爱，母亲的情。

过几天就是端午节了，遥听汨罗江潮声，仰望这五月的天空，我想与艾蒲们一起，将敬仰放进每一粒粽子里，送与诗人，送给勇敢的十三勇士。采集五月的阳光，将思念放进每一粒粽子里，送给天下的父母亲。

最忆山中野果香

又是一年深秋时，青绿的叶子们或黄或红，变得多姿多彩，分外妖娆。一些阔叶们义无反顾地离开树枝，回到泥土里，等待来年的轮回。深山里的果儿们却是不慌不忙的，凭风揽雨，酝酿甜味，等待有缘人前来采摘。这样的时节，选择一个周末登山入林，你会与那些久违了的山中珍果相遇，那份惊喜必是难以言表的；或者去逛逛农贸市场，农民朋友会将采来的野果拿来出售。这些来自山林里的稀客，让你惊艳的绝不只是舌尖上的满足，还有来自大山纯朴的情怀，更有满满的少年味道和乐趣。

寿宁地处闽浙之交，山多，树高林密，里面藏着无数颜色缤纷、形态各异的野果。它们土生土长，争奇斗艳，给山野带来无穷的魅力和乐趣。漫山遍野的果子，是山里人眼中的宝贝。有野果的大山，更是山里孩子快乐的天堂。明代寿宁知县冯梦龙在《寿宁待志》之“土田”中说：“山高水寒，树获俱后于他县。”说的就是寿宁海拔高，植物的种植和收获都要比其他地方推迟两至三个月。所以，很多在夏天就成熟的野果，在寿宁都得在秋冬之际成熟。因生长期长，寿宁瓜果蔬菜特别甜，口感特别好。

近日逛农贸市场，看到一老人筐里的野果，顿时惊喜万分。筐里的野果，形象不佳，大小不一，有点丑。记得小时候，第一次在灌木林中见到这种果实，几个小伙伴围在一起，小心翼翼掰开来，只见一些黄色的网状汁水包着一团黑籽。小伙伴们都不敢吃，但又不甘心扔了，胆大的，就用舌头舔着，旁边小伙伴屏着呼吸看着，看她眉不皱，舌不吐，有戏！大伙儿也开始舔着，吃着。那果实嫩滑甜香，入口细腻嫩滑，微甜中略有浅酸的鲜美味道。因籽多，吃的时候，舌头得不断翻卷着，不停地飞吐黑粒。拿回家问父母是什么东西，父母总是训斥我们，山上有些野果是有毒的，不要随便吃。问街坊邻居，都说这果实可以吃，叫“拿卜”。近日，为了查证它的营养价值，我拍了照问网上，原来，此果学名叫钝药野木瓜或九月黄，木通科，是藤本野果，有些地方叫“牛哈卵”“牛卵坨”“拿藤”“麻藤包”“牛腰子果”、黄腊瓜、黄狗肾、哪瓜、拿子、乌栏扒等。它对生长环境的要求很苛刻，总喜欢缠绕在各种树上开花结果。此果无法人工种植，看来也只有往深山老林里钻才能吃到“拿卜”了，这是我们农村人独有的福利哟。据说，“拿卜”营养价值很高，有壮肾补阳、活经络、镇痛之功效。

从筐里挑了两个个头大的“拿卜”，过了秤，尽管价格有点贵，但我还是毫不犹豫地买下。一路上，拎着两个野果，不停地有人询问是什么东西。回到家里，迫不及待地掰开“拿卜”吃起来，随着它特别的味道弥漫在口腔中，少儿时代遭遇到的那些山珍，那些带着野果味道的快乐时光都不由地都涌上心头。

印象最深刻的莫过于“冰嘤子”。这“冰嘤子”学名叫乌饭子，别名乌桐子、染菽、乌饭树、米饭树、乌饭叶等，杜鹃花科，属常绿灌木或小乔木。多数地方的乌饭子都是在10月农忙的时候可以采来吃，但在寿宁，由于海拔高，气温低，“冰嘤子”的果实都是在降霜之后才熟透的，所以寿宁人叫“冰嘤子”。甜中带酸，加上独有的冰凉口感，深得小伙伴喜欢。于是，这黑黑小小的果实，便成了我们冬天里最美的期待了。只是，这果儿太张扬了，吃了它，准给你留下一嘴巴的黑，牙黑，嘴唇黑，连舌头都是黑的，开口说话，同学们便毫不客气来一句“黑屁股”，弄得吃货们不敢张口说话。一些同学商业思维敏捷，紧抓商机，周末上山采来“冰嘤子”，周一拿到班级，用一些罐子盖量着，卖给同学。当然这都是私底下的交易，但总是泄密，罪魁祸首就是“冰嘤子”的黑，一个个张着黑嘴朗诵课文，老师脸也黑了。

据说，这种从名字到长相都不起眼的野果，可以入药，有一定的治病功效。所含的游离酸，能促进消化，可改善消化不良、食欲不振，还有安神的功效，可改善睡眠质量。有些地方，每年的寒食节，就用“冰嘤子”煮饭，所以起了名字叫“米饭树”。关于“米饭树”，还有一个感人的传说。古时候有一叫目连的，其母生前悍恶，死后被关在阴间牢房里，他探监时，经常送食物给母亲吃，但均被看守的狱卒给吃掉了。目连后来找到一种黑籽果将汁浸到米中煮饭。饿鬼们见是乌饭，都不敢抢食，目连母亲得以饱腹。而这乌饭吃下去后肚子舒服，头脑清醒，她在狱中思过，托梦给目连："儿啊，我错了！我不该盘笋折羊，不该辱骂僧侣，不该诋毁佛祖，不该咒人杀生!"她嘱咐目连一心拜佛，修成正果。

与"冰嘍子"一样，黑色调的野果"山地橛"也是我们的最爱。"山地橛"有个妖娆的学名，叫桃金娘，也有叫山稔果，有的地方叫哆尼、岗菍、山菍、多莲、当梨根、稔子树、豆稔、桃舅娘、当泥，五花八门的名字，彰显了中国地方语言的丰富多彩。"山地橛"属灌木，高可达1—2米；果实熟时呈紫黑色。因其"子如软柿，头上有四叶如柿蒂，食者必捻其蒂，故谓之倒稔子"。《辞海》里有说其根"性平，味苦涩，功能活血通络、收敛止泻，主治风湿痛、腰痛、泻痢等症"，其叶也是治痢良药，称得上是山地第一野果。它生长在灌木林中，不易发现，但鸟儿们是最敏锐的，总是能在万木丛中发现它，美美地啄食一番。"山地橛"的果实比"冰嘍子"的果实大些，果肉更鲜甜，一嘴巴啃下去，果汁即刻滋到舌尖，那叫一个爽歪歪。

大家熟悉又喜爱的野果儿是野草莓，它色味俱佳，品种多，常见的有布谷莓、蛇莓、插田莓、布袋莓。老人们说蛇莓是给蛇吃的，有毒。到四五月插秧的时候，田头、小渠边随处可见"插田莓"。最诱人的是布谷莓，布谷莓树虽然长得低矮，但总喜欢立于峭壁上，让人垂涎欲滴，却又高不可攀，但拥有它们的欲望总是能让我们想出各种办法。我们几个小伙伴手拉手，攀崖斩枝，或垂挂采撷。而在队伍最前面的小伙伴要不手上、脸上挂彩，要不就是撕了衣、伤了脚，但当她捧回红得晶莹剔透的布谷莓时，她就成了我们的英雄。最大个的布谷莓理所当然要归属她，我胆子小，从来分不到最大的，但这勇敢采摘布谷莓的情景让我充满着敬意。

寿宁山中最常见的是布袋莓。布袋莓学名茅莓，又名天青堤白草、红梅消、三月泡，是蔷薇科。有时放学回家，同学们会到近处的田边或路边，采来一捧布袋莓，慢慢地咀嚼一番。吃不完的，用衣衫一兜，或者用作业纸包着，带回家去慢慢享受。

而让我想想就口舌生津的当属“鞶卜”。“鞶卜”是寿宁方言的叫法，学名为羊奶子，又名羊巴奶，是常绿直立灌木。羊奶子果实形似羊的奶子，垂吊在枝头随风摇曳，看上去还真的很像羊妈妈的乳房，露出鼓鼓的奶子。羊奶子的生长期是野，羊奶子富含多种维生素、营养价值高。可惜，这些富含营养纯天然的果儿，现代的孩子们没能享受，从这个意义上说，我们是幸运的，与山野相伴，与大自然携手，得天然之滋润，率性而顺意，弥足珍贵。

大山中、小河边，还有一些植物虽然不是果类，也可生食，如映果中最短的，从发芽长叶，抽枝开花，到果实成熟仅两个月左右。在她的率领下，各种娇媚诱人的野果，才开始挂枝，由青绿到红亮，将大山装点得色彩斑斓。映山红也叫杜鹃花，系杜鹃花科落叶灌木，落叶灌木。因海拔高，寿宁的映山红略显高挑。每到五六月间，在寿宁高高低低的山头、山腰、路旁，映山红便开始争先恐后地开着，热情而浪漫。寿宁仙岩的映山红最吸引人们的眼球，每年的五月，来自四面八方热爱映山红的人们开着车，即便忍受长时间的堵车，也要一睹仙岩山上的映山红。映山红的花多数为桃色，也有红色、白色和黄色的。映山红不但好看还可以食用，其味道甜中带酸，入口清爽，真可谓眼福、口福都有了。“酸竹杆”长在山上的水沟边的，学名叫虎杖、花斑竹、酸桶笋，为蓼科。小时候也和小伙伴一起去摘着吃，嚼它茎里面的汁，酸酸的。其实“酸竹杆”除了可以吃之外，它还具有祛风利湿、散瘀定痛、止咳化痰的功能。

这就是我们这一代人小时候的味道记忆。如今，回想与“拿布”“冰嘜子”“山地橛”“蘡卜”这些山中珍果相遇的时光，有意外的惊喜，也有自在的快乐。这些新鲜而又丰满的野果儿伴随着山风野趣，也印刻儿时珍贵的友谊，永远深藏于心，滋润着成长的时光。岁月不居，青春不再，而这些果儿们依然一茬又一茬，生生不息坚守在山中，迎风纳雨，真诚而多情，而我们却离她们越来越远了，只能在回忆或在文字里想念。望“野”不解渴，他日得闲，定不负少年情，披荆斩棘，再次与你们相会。

一片茶叶里的山哈记忆

人养茶，还是茶养人，生活在大山里的山哈人一生与茶为伴，称自己为茶人，他们确信：一生事茶，一世茶情。

碧云天，绿叶波。已是深秋时日，地处太姥山深处的方家村，仍然为我们演绎着绿意葱茏之境。一路闻茶香而来，方家山人着实让我们深信，茶与他们确实是血脉相连，连着筋骨的。此时，小雨飘浮，丝丝沁心，清爽的空气里充满茶香的气息。不宽的街巷里，装修简单的茶店一家挨着一家，爱茶的人们围坐一起，闻香，看色，品味，每个人的脸上都洋溢着幸福和快乐，你看不出哪个是主人，哪个是茶客。一杯热腾腾的茶，一段惬意的时光。这个因白茶而热腾起来的白茶故里，就像一个港湾，一个心灵的驿站。在这里，你可以完全停下来，享受这宁静的一切，感受大自然的恩赐。

十几年前，方家山还是一个几乎与世隔绝的深山，这里是畲家人的家园。湿润，多雨，日照短的气候很适合茶叶的生长，所产茶叶品质优良。靠山吃山，畲民们世代种茶，采用的是最原始的方式制茶，采摘，晾晒，烘干，然后用麻布袋收起来，密封保存。大山总是与贫瘠、偏远、艰难相伴，但山哈人始终保持着对美好生活的向往和追求，一片片茶园就是他们勤勉、坚韧、乐观的见证。畲族自称山哈，意为山里的客人，他们敬奉山神，感恩大山的赐予，虔诚地保护着大山自然、最初的品质。山哈人热情好客，只要你愿意，可以走进任何一户人家，主人一定会以十二分的热情欢迎你，留下你，泡一款白茶，与你聊大山的恩情，唱上一曲山哈人的情歌。

在我对面坐的钟而洲就是这样一位山哈小伙子，戴着一副眼镜，文质彬彬，你很难将他与福鼎市白茶龙头企业“国子生态茶业有限公司”总经理的身份联系起来。也许是因为泡在茶香里长大的缘故，他浑身上下充满着茶的特质，简单、质朴、热情。他家祖祖辈辈居住在当地最偏远的孔兰村，村民们外出都要翻山越岭，走上两个多小时。2003年，福鼎市启动“造福工程”，将分散在各个山头或山坳里的大部分村民集中搬迁到村两委所在的方家村。村两委组织村民开垦荒山，种植茶叶等山地经济作物。近年来，村两委还组建了茶叶专业合作社，让分散的茶企抱团合力发展。钟而洲就是享受造福工程成长起来的新生代茶人。从小就爱喝茶的他，对茶有一份独特的情感。“小时候家里穷，唯一的经济来源就是茶叶，从五六岁起，我们就跟着长辈们上山采茶了。由于皮肤嫩，没采几下，双手都溢出血来，疼得直掉眼泪，但爸爸坚持让我们继续采茶，说山哈人都是这样过来的。”回忆起少年时期的往事，小伙子感慨不已。三年前，在外打拼的他拒绝了老板的挽留，毅然选择回到了山旮旯里的家乡，回到大山种茶、制茶，开始了土地里的创业。“一闻到茶香，心就踏实。”是啊，这是有根有记忆的地方。他和朋友创办了“福鼎市国子生态茶业有限公司”。企业创办之初，没有任何基础、门路的他们得到了市领导的支持，两个年轻人怀着感恩的心开始了创业的历程。年轻人的潜力是无穷的，有诚心有创意，他们的努力初见成效，把一个建立才三年的企业干得风生水起，他们公司成为2018年度福鼎市级龙头企业。“我的目标是致力于打造无公害纯天然食品，利用先进的现代化农业科学技术，生产高端有机茶，打造放心食用茶。”他深情地说：“我爱这块生养我的土地，它们给了我善良和诚信的品质，而我能做的就是将这种品质融入茶品里。我们将在国子、山哈记忆品牌的基础上，推出‘家传精神’等产品系列。”

说起山哈记忆品牌，钟而洲回忆说：“我们畲族非常淳朴，把银针和牡丹采摘出来拿去给进出口公司做出口，那留下的寿眉给我们自己家喝，所以我才会选择寿眉这个产品去做山哈记忆，这个记忆里有我们畲族小时候的味道，天然朴实，余味长久。”他一边为我们泡上一道“山哈记忆”白茶，一边介绍说：“山哈记忆，干茶色泽五彩斑斓，无论冲泡还是蒸煮，口感都十分协调且具有变化。香气变化无穷，其滋味丰富，个性出众，韵味十足。”

对于钟而洲而言，做白茶不仅仅是将熟悉的味道带出大山，更是希望能够借由产品将畲族、将方家山推广给更多人知晓。茶在他眼里，或许不仅仅是一种谋生的手段和纯物质的叶片，而是生命中的一个有机组成部分，一种融入生命的感情。与钟而洲交流，你会发现新时代的阳光已然驱走了笼罩在他小时候因家庭贫困而形成的自卑阴霾，他自信有闯劲。说起文创事业的前景，他浑身充满着激情。在他身上，我们看到了来自山哈人多彩的民族文化所焕发出来的自豪，他们乐于展示自己的民族文化，也乐于与他人共享山哈人的幸福和快乐。让白茶与畲族共舞，将茶叶文化与中国传统文化、山哈文化融合起来，让国学文化、山哈文化以白茶为纽带，走进更多人心中，去浸润更多的心灵，钟而洲认为这是年轻山哈人的使命担当。

经过了一场雨，方家山的空气淡泊空灵，纯净得近乎圣洁，清新得让人感动。我用力吸吮着，此时真希望自己的身体有一个袋子，能将这空气储存，慢慢享受。绕走在方家山的茶园之中，此时，经过了大半年的“春水秋香”，茶儿们奉献完最后一茬“秋香”，正静静地静谧着，开始了新一轮能量的聚集，吸润眠雾，静待来年的勃发。“桧柏参天，日月蔽亏，竹木幽翳，石涧潺，而四面群峰千遭百匝，固兹山一幽绝所也。”品读着明代著名文史学家谢肇淛称赞太姥山的诗文，四望方家山远远近近的茶园静静延展，茶色如黛，色、气、味、境一体，让人不由得有一种悠然的醉意。

与方家山邂逅，与白茶谈情，看山哈人与茶的一往情深，这是一个美丽的遇见，一段入心入肺的记忆。方家山，一座心中仰止的茶之高山。

一个木工妻子的东侨

暮霭中，高楼鳞次栉比的东侨没能腾起她熟悉的炊烟，此时，一抹从高耸楼间挤进来的阳光，在这张粗糙的圆脸女人脸上抹上胭脂般的红，路上所有的脚步也都急促起来了。大路口红绿灯前一排的车玻璃映照出的亮光，让她眯了眼睛。车流越来越长，流成了默黑的光流。“87、88、89……”，上五年级的儿子又在数着一辆辆飞驰而过的各种各样的车子。“海东，别数了，快坐下做作业。”女人拿出简易桌子张开，儿子乖巧地坐下做着作业。

圆脸女人叫叶兰，那年高中毕业参加高考，英语选择题抄错了题号，她没能考上大学。每当想起这些，她就不由心痛起来。后来，她嫁了同村的郭星，两人有了一个可爱的儿子。叶兰看上郭星，是因为他勤劳，而且学了一手漂亮的木工活。看大伙儿都去城市打工，三年前，郭星也从家乡来到了东侨打工。叶兰和儿子海东就留在了老家。郭星活儿做得精细，吃苦耐劳，木活儿接连不断，一年难得回家，一家人过着聚少离多的生活。这个学期，在东侨社区的帮助下，海东进了东侨实验小学读书。

叶兰不甘心闲着，就在租屋的门口支了张缝纫机，收一些缝补的活。此刻，她认真缝补着手中的衣服，海东忽然抬头说：“妈妈，爸爸说他在海上盖了一条很长很长的栈道，是真的吗?”

“当然啦，明天是星期天，我带你去看看东湖，看看你爸爸修的那条很长很长的栈道。”

“太好啦。”

叶兰是第二次来这里。两年前，来探望郭星的时候，郭星和工友们正在紧张地进行栈桥面的作业。那时，到处都是泥泞，兰溪桥头下污水横溢。当灰头土脸的郭星站在她面前时，她心疼地说，算了，回家吧，这活也太累人了。郭星说，没事，不累。现在工程到关键阶段，我不能走。这条环东湖慢行道全长有14.5公里，年底会完成建设。到时候你再来看，一定让你惊叹。

当再一次来到这里，叶兰不敢相信眼前这个“湖在城中，城在海边”的海湾新城就是两年前那个沟渠纵横的死水塘。此时，初夏的东湖，绿意四射，蝴蝶轻吻嫩叶，晨曦将鹅黄色的初晖尽情地撒向远近的湖面和高高低低的树丛。远远望去，游人虽未盛，然而到处绿装红纱，三三两两的鸟儿轻立于湖中的小木杆上，神气地叫着，满世界都是光鲜的颜色，满眼都是鲜活灵动的风景。栈道晨练的，携妻带子闲步的，都在簇拥着这山海相连的一隅湖光山色。

海东挣脱了叶兰的手，高兴地向前跑去，晨曦追赶着他，熠熠生辉。叶兰的心顿时欢悦起来，也跟着跑起来，风迎面而来，她用力呼吸着。

“妈妈，快看，有大风车。”

叶兰：“海东，那是摩天轮。妈妈恐高，哪天让你爸爸带你去体验一把。你看，你爸爸就在对岸那座正在盖的房子里忙着呢。”

海东：“我们去看看吧。”

“好。我们现在就沿着这条湖中栈道走过去。”

太阳越来越炎热，母子俩一身大汗地来到郭星现在工作的工地前。进不了施工地，两人抬头仰望，数十米高的脚手架上，透过外墙绿色的防护幔纱，看到工人们的身影仿佛在半空飞舞，炙热的阳光舔舐着他们黝黑的皮肤。混凝土搅拌机发出隆隆的声音，工人们有的扬沙，有的拖车，有的加工钢筋，海东努力地找着他熟悉的身影。叶兰打了电话，郭星匆匆而来，只见他汗流浃背，汗珠顺着脸颊像小溪一样不停地往下淌，他不时地用挂在脖子上的毛巾擦拭脸上的汗水，衣服湿透了，紧紧地粘在了身上。

“你们怎么来了？工地不安全，天气又这么热，你们回去吧。”

“海东想看看你工作的地方。”

“有什么可看的？一身土，一身汗的。”

“刚才我们是从你盖的长桥上走过来的，爸爸，你真了不起。”

郭星擦了一把汗，憨厚地笑着说：“爸爸只是一个打工的，哪里算得上了不起。”

叶兰拿起毛巾，擦去郭星背上的汗水，对儿子说：“儿子，我也觉得你爸爸了不起，他可是有双重身份的人，农民和工人，田里种粮，工地建设。”母子俩的赞扬让郭星汗流得更多了，笑得也更灿烂了。

离开工地，母子俩逛了北岸公园、长江支队纪念亭、滨水风光带、膜亭沙滩区，海东不知疲倦地玩着。

阳光渐渐西落而下，一辆辆汽车还在疾驰，在相继亮起的灯光下，叶兰清晰地看到了这个城市脸上有无数的星光争相辉映。她感觉这座城有一个强大的气场包围着她。在此起彼伏的星光、灯火中，她心中的温暖和希望，越来越多，越来越大。

满山尽是神石仙茶

石为经络，茶为血脉，这是太姥山的特质。石会发光，茶自芳华，这是太姥山的情怀。在这片神奇的土地上，福鼎人将仙茶的芳香、白茶的本真不断发扬光大，亦将一份如神石般坚韧率直的精神传播得很远很高。

（一）

时隔多年，在这样一个温热的初夏，第二次来福鼎拜谒太姥娘娘，驻足一个个奇石异洞前，品闻片片茶园里的茶香，心中多了份虔诚，也多了份感动。

因年龄的关系，我是极少看动画片的。两年前，因一个任务的需要，我完整地看完了 26 集的《太姥娘娘与白茶仙子》3D 动画片，第一次了解太姥娘娘以茶治病的故事。动画片画面唯美，故事感人，唤醒了世界的真善美。

故事中，山中精灵身着绮丽的服饰，或人形，或兽态，怡然自得地生存在这片山川草木之间。故事生动地刻画了太姥娘娘、白茶仙子为保护安全的自然生态，携手并肩，焕发人类与大自然的和谐之光和生命之光，给人带来了“友好自然，维护生态，茶人善德”的情感共鸣，这是太姥山下民众的美好愿望，也是我们人类共同的心愿。

神山太姥，修真佳处。既有神仙，当有禅意，当有禅思。自唐宋以来，太姥山佛教就十分兴盛，以太姥山为中心的山南山北寺院如雨后春笋，国兴寺、白云寺、天门寺、白马寺、天王寺等等，如一粒粒明珠镶嵌在太姥山周围。这些古寺风格各异，亭廊楼阁，集绘画、雕刻、山池和园艺于一体，与周围的山林、石林和谐相趣，将天地山水与人心才情兼收并蓄，融于一身，集中体现了古代劳动人民的勤劳与智慧。

作为名山名刹，当然少不了文人墨客的足迹。朱熹、郑樵、谢肇淛、熊明遇、方以智等声名显赫的人物，都曾踏足太姥山，留下了诗词佳作。宋人郑樵流连于太姥山下青山如屏、绿水如琴的蓝溪水两岸，写下了“溪流曲曲抱清沙，此地争传太姥家。千载波纹青不改，种蓝人果未休耶?”的诗句。

明末著名学者和诗人谢肇淛一生酷爱游历山水，所到之处均留下抒情畅怀之文字。游历太姥，对太姥山极为赞叹：“吾闽山川之奇，指不胜偻。武夷、九鲤以孔道著；越王、九仙、石鼓以会城著；独太姥苞奇孕怪，冠于数者。”并写下了一篇游记、一篇碑记、二十一首诗和《太姥山志》，成为较早对太姥山胜景进行全面描述的志书，为我们研究太姥山提供了珍贵的资料。“福田播种，处处萌芽。金粟生香，在在敷实”，这是谢肇淛先生留给太姥的美好祝愿，也是我们闽东人的向往和祝愿。

（二）

都说“太姥无俗石，个个皆神工”，来太姥山，首当其冲先看石。石有千万种，唯太姥石最润慈、最温良。太姥山是中生代燕山运动晚期，由地壳深部岩浆上升侵入石帽山群火山碎屑岩中而形成的独特地貌。“山在海中”，这座“从海中升起的名山”，在水中孕育，自然带着水的柔情和水的温润，更带着水的浪漫。此时，微闭双眸，轻抚石头，我感觉水就在手石之间滑动，温婉而深情，温暖的感觉渗透到心底里去，再也挥之不去。

在太姥山看石，竖看横看，俯看仰看，角度不同，视觉迥异，联想万千。无论是夫妻石、母女情深、双翁垂钓、玉兔听潮、二佛谈经、沙弥拜月、九鲤朝天、金猫扑鼠，还是镇山石兽、石军列阵、仙人锯板，大大小小、高高低低的石头在这片土地上或站或卧，或仰望或低吟，各司其职，讲述着它们美丽的故事。

太姥山的石在水中孕，在雾中养。云雾终年缭绕，更制造了太姥山的浪漫。有人说，云雾是太姥石的霓裳羽衣。在雾中，太姥石更显灵动梦幻。雾里看石，云中望山，游太姥山要有好机缘，才能见到好景致。心境不同，时机不同，入眼的景致也不同。

“玉兔听潮”，有人听潮涨之激情，有人听潮落之惆怅。观夫妻石，有人看到了夫妻情深，紧紧拥抱；有人看到的是女子体弱，丈夫背驮女子的艰难。但是，不管你来时心情如何，一趟赏阅品读之后，万象已在你胸中，这就是太姥石的神奇之处。

太姥石之所以温慈有趣，不光是其石头外部奇异，更在于其内部的不甘平凡，石头间硬是整出了不知多少个的岩石洞，曲径通幽，绝处逢生，令人称奇。

一线天、洞中洞、洞观日、洞观海，千变万化，小的洞只容几人小憩，大的洞则可容纳几百上千人，甚至可建亭、台、楼、阁；而洞里的清凉更是人们难以割舍的爱恋。洞外还是炎炎夏日，大汗淋漓，进得洞来，便是凉意习习，那一份爽快，千金难买。

拜神山神石，品仙茶禅茶，跟随着一伙识山懂石又爱茶的文人，来这么一次禅意仙境之旅，实乃大幸福之所在。

（三）

太姥山茶“仙韵”十足，除了她自带太姥娘娘的神佑、白茶仙子的仙气外，太姥白茶还“仙”在纯朴自然，“仙”在简约率真。那些长自枯叶、岩石缝之中的原生态白茶，食长风，饮甘露，吸润雾，茶与木、茶与石共生，甘甜、清悠，让人神往。

高山石上接大荒，滋养天地野茶香。走进大荒茶业开辟的千亩野茶园，我们不禁为那些重重叠叠的枯叶和枯叶从中亭亭高挑的野茶树所吸引。枯叶在女士们欢呼雀跃的脚下发出沙沙的笑声。而一株株野茶树却是“宠辱不惊”，穿越了几十年的风华雨露，此时，它们绿中透青，淡然而立，风骨不凡。立高处而观连绵野茶山，分不清哪些是树木哪些是茶树，没有了印象中茶园清晰分明的层次感，却有了木茶相长的亲和感。

友好自然，维护生态，茶人善德。大荒茶山坚守不喷农药，人工除草，制茶采取传统方法与现代科技结合，让野茶保持特有的自然品质。茶汤澄澈空静，山野气十足，让你齿端温婉柔甜，自然留香。

年轻有为的大荒茶业掌门人付明峰说，坚守本心，守望本真，做干净的好茶，这是我们大荒茶人的追求。是啊，回归简单纯粹，回归本真，不正是当下我们追求的生活状态吗?

鲁迅先生在《喝茶》一文中说道："有好茶喝，会喝好茶，是一种清福。"好茶源于自然，源于真实。那么，就让我们从这个美丽的太姥山野茶开始，学会沁润身心，学会喝好茶。饮一壶太姥仙茶，洗尽浮躁与铅华，享一份笃静本真的清福。

东侨，正好

正好，是我们向往的一种幸福工作、生活状态。选择一座城市安居栖息，东侨正好。眼眸所仰、脚力所及、呼吸所触、心灵所抵，东侨正好。

（一）

大约是为了更好地与海亲近，东侨的山普遍不高，地势平缓，周末携家休闲行走，或约朋友踏青，距离正好、时间正好，悠悠然而自在，确实令人愉悦。站立大门山上，一揽东湖，目悦神清，山与海浑然一体。屹立湖中与湖水难分难舍的塔山、大门山、猴毛屿三座岛屿，形成的“一湖两岸三山”景观，带着南方的婉约，带着海雾的迷幻，恰如一幅水墨。眼所及处，金马海堤像一条银链，挡风拒浪，坚固而挺立，筑起了中心城区的生命线。据史料记载，大门山又叫金瓯山、覆釜山、虎山，它似神牛护卫着东侨。大门山的旧房子多用石头砌成，保留着20世纪六七十年代的建筑风格。看那些光滑的石头，就知道它们与海风巨浪搏击岁月的沧桑。一路走来，柚子树散发着独有气味，让人心旷神怡。一排排芭蕉树虽不怎么上相，但它们身形高大、叶子宽大，气势十分磅礴。

东侨年轻，长势正好。人口快速聚集，四处绿意盎然，168 种乔木，80 多种野生鸟类，东侨的丽质，东桥的速度，东侨的人气，形成了独特的光圈。金光炯炯的霞光，波光粼粼的湖水，浓郁的泥土气息，红艳灼灼的花儿，青绿繁盛的树木，形成了金之光，水之言，木之形，土之味，火之艳的五行东侨。

选择东侨北岸而居，宛如住在画中，漫步东湖之畔，健身与休闲相宜，凝思与远绪共处。三面环山，面朝大海，东湖湖岸九曲绵柔，一个奇妙的水域结构，蜿蜒出了这座城市的灵秀。东湖如玉似镜，湖水里蓝天白云的倒影温情甜美，像母亲的微笑，一尘不染。清晨，晨曦不舍，将飘逸的纱衣，披在湖水之上。这时候，是和鸟儿们相约最好的时光，你看，白鹭独立湖中，轻踏舞步，雪白的身影，总是让人忘却红尘。

我总是喜欢在雨中与东湖缠绵，那种缓缓的潮气，轻轻地浸润你的心，闭上眼睛，似乎能感受到身体的每个细胞，都在尽情地呼吸着这一片纯净。湖天一色，雨总能给东湖增添一份神秘的气场，优雅而纯粹。

（二）

走在东侨的大街小巷，看着那些四季常青的树木，各种颜色的花儿，顿然生出万分怜爱。而最让你心动的莫过于三角梅了。东侨的三角梅似乎与众不同，身形宽阔，花儿密集。这样的灿烂，即便是那些匆匆的步履也会情不自禁停下，拿出手机留下一两张三角梅火红的样子，想象着也会这样热情地度过一天美好的时光，心中便漫涌出万分的感动。而在下班路上，迎着夕阳闻一捧花香，爱意盎然，一天的疲惫便一扫而光，微笑着，带上对家人的思念，急切赶往爱的港湾。

如果你询问人们，为什么喜欢将房子买在东侨，几乎所有的人都会告诉你：东侨不大不小，有海味亦有山珍，正好。确实，东侨没有北上广的豪华，也没有西部城市的一望无际，但她自有江南城市的温婉静美。它也算得上繁华但不拥挤。她没有一环二环三环的宽大，但她有半小时就能约见的快乐。来东侨做客，你可以大胆地给亲朋好友打电话，告知你来了，不用担心路远、堵车等问题。周末，约上亲朋好友，登山、走栈道，抑或品个暖和的小酒、茗茶，简单而快乐。

东侨是海的女儿，自有海纳百川的姿态，自有让心灵和谐相遇的温度。来自闽东各个县市的人们，不管你是刚买了房子的，还是久居的主人，无须磨合，一见如故。在公交车上，在市场里，你随时可以听到闽东各县市的乡音，聊着家长里短。在东侨，每个人都能在这里找到自己正好的节奏，让人有一种自在的归属感。

近代著名才女林徽因在《爱上一座城》说：有人说，爱上一座城，是因为城中住着某个喜欢的人。其实不然，爱上一座城，也许是为城里的一道生动风景，为一段青梅往事，为一座熟悉老宅。或许，仅仅为的只是这座城。就像爱上一个人，有时候不需要任何理由，没有前因，无关风月，只是爱了。我也爱了，只因爱上了东侨的舒适，东侨的正好。

（三）

抵达一座城，唯有触摸其历史，感受其文化，才能走近其灵魂，才能让自己的心灵安宁和快乐。东侨虽然年轻，但其文化却有厚度和宽度。20 世纪 50 年代，宁德人民艰苦奋斗，在入海口筑起了 25 孔桥，挡住了狂野不羁的海水，使这片数万亩的滩涂成了田地。再后来，这里办起了华侨农场，数千名来自越南、印尼等国家的归侨，与风搏，与浪斗，填海筑堤围垦。经过他们的辛勤劳动，盐碱消退了，土壤淡化了，渐渐使不毛之地的滩涂成了宁德最大的一片平原。如今，一代代的东侨人正发扬当年东侨留下的艰苦奋斗精神，开创东侨更加幸福的未来。

来东侨，你一定会到北岸公园里瞻仰“长江支队宁德纪念园”。在纪念园里，纪念亭、纪念壁、浮雕墙、景观石，显现了长江支队健儿挥师南下的雄姿。而最引人注目的是景观石，景观石由四种石头雕刻而成。太行石上刻着“魂铸四海，功昭华夏”，太岳石刻着“无私奉献”，王屋石刻着“愚公移山，改造中国”，太姥石刻着“革命精神，代代相传”，四石相依相伴，将老兵们对家乡的思念和对闽东大地的热爱娓娓道来。如今，纪念园已成为闽东革命薪火相传的教育基地。

东侨开拓创新的气质内蕴，为创业者创造了一个正好的环境和氛围。房地产、新能源、水产食品加工等产业引擎，让东侨魅力非同一般。东侨特有的人才环境，让人才留得住、吸引得来。走进锂电新能源小镇，你会感受到一股浓烈的注重人才、勇于创业的精神在蔓延着。

华灯初上，夜色阑珊。暖暖的城市，温柔的色彩，正好的年华，正好的春风万里。

倾听大京的潮音

听潮。在大京听海之潮、善之潮、勇之潮。八月，与大京相会，我带着对海的眷恋、向往而来，大京则带着柔美的沙湾、深情的潮声，款款而至。

多情的潮声

“北上去青岛，南下去大京”，大京在明白人眼里、心里，早已是绝色佳景。云开树色，海静潮声，这样的景致，不知已让多少人满心欢喜，奔走相告。

从清凉的空调车下来，那种热浪冲天的炎热，相信很多人想想就怕。我们一行人下得车来，就赶紧窜入一片树林里。这是一片木麻黄树风沙防护林。木麻黄树的叶子像马尾巴一样婆婆娑娑，绿油油的。握一束至手中，滑润无比，有如丝绸般柔顺，将树叶轻捏，绿汁慢溢，一股松香气散发开来。在这样热气逼人的时刻，顿时让人精神为之振奋。同行的向导介绍说，木麻黄树耐碱、耐旱，不怕海潮，生长迅速，抗风力强，其根系发达，深入土层，盘根固沙，涵养水源。中国著名戏剧家、中华人民共和国国歌歌词作者田汉曾有诗句“不许风潮犯稻粱，沿滩百里木麻黄”来赞美木麻黄树，一个“不许”霸气豪迈，表达了人类战胜自然灾害的决心和勇气，也肯定了木麻黄树抗击风沙、保护水土的能力。从 20 世纪 50 年代开始，为了防止风沙对耕地的侵袭，大京人在这里营造起了这条由木麻黄树组成的一道绿色屏障，筑起了“海上长城”。坚比贞松，成排的木麻黄树列列而立，抵挡呼啸的台风、海浪，它们像战士筑起一道坚固的绿色长城，守护着千里家园。

穿过了这片遮天蔽日的防护林，眼前豁然开朗的就是大京沙滩。

在没有开发痕迹，长 3000 米、宽 200 多米的沙滩上，洁白的海浪、阳光下金色的黄沙，远处葱茏的小岛、湛蓝的天空齐聚而景，让人目不暇接。即便是这炎炎烈日，也无法阻挡人们对这片海滩的钟情。色彩丰富的纱巾、时尚的太阳帽，喜形于色的张张笑脸和各式各样达情显意的造型，让这个海滩更加神采飞扬。

许是内海湾的原因，大京潮声内敛，没有霸气的浪涛声，只有温婉的拍打声。在这样霞光挥洒的傍晚，半弧形沙滩，开阔俊朗。追逐着薄纸般洁白的潮涌，跟随着她的节拍，轻轻地倒退着，或随着她回归的脚步，小心翼翼地走向清凉的海水，任由细软的白沙亲吻脚底，我不由地心跳加快，心中漫涌着无限的爱恋。此时，殷红魅影的霞光、晶莹剔透的白浪、柔软亲肤的沙子，让人恍如行走在天堂。

小海蟹钻进了沙洞，躲太阳去了，偶尔有一两只出洞的，爬行的速度惊人，一晃就不见了。在这个沙滩上，最快乐的还是孩子们。家长们紧抓暑假的尾巴，纷纷带孩子们出来看看海，亲亲海。此时的沙滩成了孩子们的王国，他们是这个王国的“君王”。你看，在烈日下，三五个孩子在鼓捣着细软的沙子，建城堡，修长城，忙得不亦乐乎，他们在自由王国里创造着属于自己的快乐。

夕阳下，我手里握着温婉的小柯淘来送我的几扇小贝壳，拉着长长的影子，告别这片号称“福建夏威夷”“闽东北戴河”的沙滩。鞋子里不小心带来的沙子还在脚底释放着这片海滩的温度，令人不忍离去。

悠扬的潮声

在大京，历史的浪潮浑厚而悠扬。大京因“金”而名，因善良而荣耀，因勇而扬。

大京是一个渔村，村民纯朴善良。大京得名于大金山，而此山的得名则源于一个古老的“拾金不昧”的善良故事。传说，很久以前，有一个外地商人辗转来到此地，借宿山下一户农家，次日离开时忘记带走随身携带的金子。农家的主人是勤勉、善良的两兄弟，二人发现金子后，毅然带着金子向客人离去的方向追去，一口气追了十多里地，追上了客人，交还了金子。客人十分感激二人拾金不昧的品德，赞叹道“得金不取，必非常人，异日声价当比‘南金’”。人们感慨于这两兄弟的善举，将此地命名为“南金”，也就是大金山。

展开大京的历史画卷，郑军老、郑宪、刘回宝、郑鹏、林远孙等一大批大京名人，用他们的才智、清廉告诉我们，大京这块热土确实是一个人杰地灵的风水宝地，是名副其实的“九狮之地”。

来霞浦，必看城堡，看城堡，必看大京城堡。霞浦曾是闽东的政治、经济、文化中心，是福建省历史上建筑城堡最多的县份之一。明朝时期，为了抵御猖獗的倭患，曾在东南海防设有三道防线，第一道是水寨，第二道是卫所和巡检司，第三道是沿海城堡。据《福宁府志》记载，当时福宁府建有近四十处城堡。这些城堡，造型各异，规模宏大，建筑精巧，让人叹为观止。

我们到达大京城堡时，已是霞光妖娆时。霞浦的朋友说，看大京城堡，最好的时间便是这傍晚时分。怎么个好法？朋友笑而不答。我一路端疑，踏石级而上。大京城堡的城墙依山势而建，用的都是坚固的花岗岩。城堡辟有东、西、南三门，北面依山，东门为瓮城，也叫双重城，石缝间以铁水浇固。城墙上，野草们疯长着，哨台、炮位、数百个垛口，整齐布列。我站立在垛口处远眺，四野苍茫，海风私语，晚霞如彩绸悬挂，在这千万条彩绸的映照下，这座中国最长的乡村城堡益发壮观、苍茫。我抚摸着灰黑的墙石，想从它的体温中去找寻这里曾经的金戈烈马，但六百年流光，六百岁枯荣，硝烟已远，只有倔强挺立的城堡，还在坚守着千年不变的霞光、明月。六百载时光，倾听着大京海潮声，静听着这城墙上的莺飞草长，聆听着大京人奔向幸福的脚步声，大京城堡是这块土地上的歌者，永不疲惫。

我也如城堡般站立在海风中，静静地倾听着那来自历史深处涌来的大京先民战敌寇、守疆土的勇之潮音，深情地倾听着这座古城堡深处传来的那些激昂的金属撞击的声音。此时，我明白，看大京城堡，最好的时间确实是这傍晚时分，这时间，这空间，这维度，让你有足够的思绪畅游历史抑或现实的天空，与这城这潮同呼吸共追忆。

夕阳完全地没入西方天际，俯看城墙内，一老一小两只牛悠闲的身影进入我们的视野，小牛边溜达边啃着草儿，老牛斜躺着，专注地看着小牛，心无旁骛。朋友们纷纷上前与小牛合影，从大伙儿虔诚的笑脸上，我看到了人类对渐行渐远农耕文明的那份尊崇和怀念。

大京听潮音，潮音澎湃，回声嘹亮。

边界热土，魅力甲坑

甲坑是闽东革命中心之一，有七处省级保护革命旧址，20 世纪 30 年代初以来，叶飞、范式人、叶秀蕃、范浚等革命先驱先后来到甲坑开展革命活动。星星之火，可以燎原。1935 年 10 月，甲坑村成立中共闽浙边临时省委暨中国工农红军闽浙边临时军区，统一领导闽东和浙西南地区的革命斗争。中共闽浙边临时省委的成立，加强了闽浙边游击战争的统一领导和协同作战，为闽浙两省开展三年游击战争乃至全国革命胜利做出了重要贡献。以“血脉相连，无畏向前，勇于奉献”为核心的甲坑精神哺育并激励了一代又一代老区人民。

一方情深义重的红土地

从前，甲坑精神这个词对我来说，是一个抽象的宣传标语。而现在，她是青山绿水间英雄战斗过的热土，是甲坑群众送到红军洞里的食品、草鞋，是甲坑四百多民众为保护红军而英勇牺牲的壮烈场景，是党的干部和人民一起劳动的剪影，是寿宁老区人民脱贫致富、奔向幸福的豪迈。

从西浦到甲坑十公里的进村路，曲折蜿蜒。车子行进在山腰甚至是山顶之上，深不见底的峡谷，近在咫尺的蓝天白云，感觉是在云端之上飞驰。这是我虔诚的谒拜红色土地之行，此时，我的心中漫涌着敬仰之情。20 世纪 30 年代，叶飞、范式人、叶秀蕃、范浚等革命先驱在这块土地上开展如火如荼的革命活动，点燃了闽东革命的星星之火。

地瓜米、南瓜汤、草鞋、步枪，酷暑寒风和顽敌围堵，随处可见险象，随时可遇流血牺牲。只因头顶红五星，只因心中坚定的革命信念，甲坑革命志士执着而从容。只因相信共产党人代表的是人民的利益，甲坑群众舍小家为大家，积极提供隐蔽地点，协助开展革命活动，党与百姓结下了鱼水情深，共同谱写了壮丽的英雄篇章，留下了宝贵的革命精神财富。

受地理条件的制约，甲坑曾经是“六无”贫困村。大山深处，层层叠叠的峰峦挡着，从村里步行到集镇往返一趟要一天多时间，一些农特产品无法拿到市集上出售，甲坑人日子过得十分艰难。“要致富，先修路”，20 世纪 80 年代，在上级政府的支持下，甲坑广大干部群众发扬不屈不挠精神，在悬崖峭壁上，劈山挖土，开出了一条 10 公里的进村公路。2019 年，甲坑村又投入 100 多万元对富家庄至社坑长 2 公里公路进行拓宽、硬化。如今，甲坑 14 个自然村有一半村庄完成造福工程易地搬迁，7 个自然村有了水泥公路。老区群众彻底告别了翻山越岭、肩挑背扛的艰难岁月。

寿宁县各级政府牢记党的初心和使命，加大对老区各项基础设施的建设。甲坑各自然村先后完成了自来水、通村公路、高压输电线路和村小学校舍等各项工程建设，实现了电通、水通、电视通、电话通。基础设施大变样，为甲坑走出深山、走向幸福奠定了良好的条件。

一曲红绿交织的乐章

“红色养心、绿色养身”。红色基因有信仰、有定力，绿色基因有希望、有活力。如果说，红色是甲坑最绚丽的色彩，那么绿色，正成为甲坑最亮丽的底色。而当红色基因与绿色基因相遇便是最大的财富。

90 年前，这里是一片热血沸腾的红色土地；90 年后，这里焕发出势不可挡的绿色生机。“咬定青山不放松”，勤劳淳朴的甲坑人民，像保护眼睛一样保护着家园的青山绿水。森林满山头，遍地是财富。村两委带领群众，以绿色产业托起群众脱贫致富梦，立足村情，发展绿色产业。茂密的原始森林，清新富氧的空气，“绿色经济”“清凉经济”不断为甲坑发展添砖加瓦。走在甲坑的山山水水间，高坡上、山腰间，古树参天、苍翠蓊郁、空气清新，大大小小的茶园绿浪翻滚。茶叶是甲坑人民的“金叶子”，全村有茶园一千多亩，茶产业成为村民的支柱产业。良好的生态品质使甲坑茶叶深受各界青睐，镇村抢抓寿宁高山茶大发展的良好契机，引进优良茶叶品种，扶持茶业加工业。茶叶价格稳步上升。近年来，人们越来越注重生态饮食，村里原有的油茶、板栗、毛竹等也备受人们的喜爱。绿水青山正在变成金山银山。

我们到达麻竹宅自然村时，正值中午，在许多保持古朴的老房子里，茶农们把刚刚采摘下来的茶叶倒在大篮子里，整个大厅都弥漫着茶的香味。甲坑村村主任叶乃寿说：“我们甲坑村十分分散，山多岭多，茶叶、草药、竹编等是我们服水土接地气的产业。”每月农历初七和二十，是甲坑人忙碌的日子，他们会拿着深山里采来的山草药和自家编制的竹制用具，到犀溪镇上赶集。甲坑村在帮扶单位的支持下，还大力发展规模畜禽养殖，郑家坑、社坑等自然村发展山羊、土鸡鸭养殖业，村民的收入不断增长。

就在这连绵的山峦间，茂密的森林里，分布着许多富有人文底蕴、景色秀丽的景致。离甲坑村不远就有古藤缠绕的红军洞、景色秀丽的狮子舟村，以幽、险、奇、峻、幻为特色，人称“闽东小三峡”的神奇峡谷石竹舟。

以红带绿，以绿助红，把红色旅游、绿色旅游和乡村旅游结合在一起，甲坑村迎来了旅游大发展的契机。近年来，寿宁县委、县政府高度重视甲坑红色文化保护与开发工作，规划把甲坑打造成为闽浙红色教育基地，作为军民融合、乡村振兴、“万企帮万村”示范点建设。

我们一行来到甲坑村委楼时，只见对面的山坡上人头涌动，红旗飘扬，歌声嘹亮。该村党支部书记告诉我们，近年来，甲坑村推出的“重走红军路”“永远跟党走”体验活动得到了大家的欢迎。周末或节假日，许多家长会带上孩子来到这里，穿上红军军服，扛着红旗重走一段当年红军走过的山路。今天，尽管天气炎热，但大家精神高昂，颇有红军的风范。

而在操场上，另一支队伍的气势也十分高涨。穿着军服的孩子们正在操练，一招一式，有模有样。这是甲坑村刚推出来的儿童团夏令营活动。笔直的队列、嘹亮的口号，孩子们在教练的带领下，正在体验规范的军营生活。教练介绍，甲坑是寿宁革命的圣地，组织学生到这里开展儿童团夏令营活动，目的是培养青少年吃苦耐劳、坚韧不拔的优良作风，磨炼意志，培养责任意识和集体荣誉感。

一场脱贫致富的攻坚

改革开放以后，特别是近年来，党和政府把老区人民时刻记在心上，给予了无微不至的关怀。寿宁各级政府精心部署、持续用力，把乡村振兴与脱贫攻坚紧密融合起来。甲坑村原来共有贫困户 7 户，县镇村对他们从政策、资金、教育、医疗、保险等方面展开扶持，同时加大产业扶持力度，引种白芽奇兰、金牡丹等茶叶高优品种，提高茶叶品质；扶持壮大油茶基地，生产绿色食品；镇村还大力发展壮大村集体经济，2018 年与寿宁县供电公司签订了光伏发电项目，让村民投资入股，增加收入。2018 年，甲坑实现了全村脱贫。

黄昌本是麻竹宅村的建档立卡贫困户，因为生病，他们家的生活一直比较困难。但是，近年来，他家却发生了很大的变化，扩大了茶园面积，年收入两万多元。问及还有什么需要帮助，黄昌本乐哈哈地说："政府帮助很多，现在生活'真头好'啊！"

最是乡贤润桑梓，共话甲坑新发展。麦田房产经纪有限公司总裁缪寿建是土生土长的甲坑人，凭借着“心怀感恩、永不抱怨，成人达己、自强不息”的价值理念，他所经营的公司成为中国具有一定规模与实力的房产服务公司。身在异乡，心系家乡，缪寿建长期关注家乡的发展，热心参与家乡各种公益事业和慈善活动。他不仅仅回馈家乡，同时也积极地参与到扶贫攻坚的队伍中来。二十年来，他慰问资助甲坑 50 岁以上的老人达二十几万元。在如何开发甲坑红色、绿色旅游资源上，他亲自与有关部门对接，参与甲坑旅游规划。他希望在保护好生态资源的基础上，进一步利用好红色、生态资源，以森林、农业、江河溪流等生态环境资源为载体，把红色文化与生态环境融入旅游的各个环节，使红色、生态旅游成为当地的重要品牌。

傍晚，阳光柔和得像霓虹彩灯。此刻，山影隐约，林野静谧，它们仿佛都是一段伟大历史活的见证。而我会深情地说，从甲坑传承下来的是艰辛岁月的辉煌，从甲坑传颂下来的是永恒的甲坑精神。魅力甲坑，正以昂扬斗志和奋斗姿态，续写新时代脱贫致富、奔向小康的辉煌篇章。

锣鼓韵出甜美凤阳

有凤朝阳，锣鸣鼓乐，唱响甜美。绵亘万里的白云山麓下这块令人神往的生态天地，宛如一位甜美清纯的美女，带着优美的田园甜歌劲曲款款而来，一次次拨动我的心弦。

（一）

凤阳的甜美是由锣鼓山先开锣启篇的。锣鼓山，顾名思义，有石似锣，有石如鼓。锣鼓山不高也不雄伟，1100多米的海拔，一口气登上，登山人脚力能及的高度，不喘不累。登临山顶，微汗刚出，山风徐来，疲惫感一扫而光。贪婪地吸吮着来自大自然最纯真的空气和各种草香，飘飘欲仙。站立锣鼓山上看四野，视野出奇的好，远眺，重峦叠嶂，云霞争艳。俯看村居静谧，耀眼的是一大片一大片白色葡萄棚架在阳光下发出的灼灼辉光。我和所有登锣鼓山的人一样，到达山顶的第一件事就是找那似锣如鼓的石头。锣、鼓二石倚靠在山顶边上，似立欲跑。我择一石凳，端坐在锣、鼓二石前，思绪飘忽间，仿佛听到了锣鼓铿锵。此时的锣鼓山让人思绪飞扬，如黛的山峦宛如一座座前行的巨船，若隐若现，亦真亦幻。此时，太阳西去的脚步愈发慢了，如恋人别离，一步一回头。柔美的云彩，高贵飘逸，笑靥如花。锣鼓山高高低低的草木不负相互辉映着，飞舞起闪亮的彩练。而在天地璀璨光芒里，是友人们勃勃的兴致。或站立高石之上指点江山，或仰天远眸，与云霞密语。缤纷间，诗意与霞光共舞，浪漫与山歌同声，随处的千光百焰，满怀的诗情画意。

（二）

凤阳的山普遍不高，多数是丘陵，极富温和感。遍布的小山峰或小盆地，像母亲的怀抱，不大却很温馨，让向山的耕作收获变得可望又可及。四季分明的气候，让凤阳大地拥有极为丰富的色彩层次感。春耕秋实，又季又一季，一茬又一茬，田野农家弹奏着永远不变的基调，悠扬而富有韵律。凤阳的春天比寿宁其他区域来得要早，当东北部山区还是春寒料峭，凤阳大地已是绿浪妖娆。夏秋之际的凤阳是最富庶的，铺天盖地的金黄、翠绿、鲜红顺着起伏的地势翻腾着、吟唱着，这是这片土地奉献给我们最为宏大的田园交响曲。而在冬天，阡陌田畦间，呈现的是经典的南国风光。万物在静默中孕育，风声、水声、叶声，声声入耳，宣告生命蓬勃的信念和期盼。

锣鼓山下梯田连茶园，绵绵相长。一年四季，茶田叠翠，一垄垄葱茏的茶，老叶护新芽，散发了缕缕沁人的气息，茶歌、茶韵成为凤阳大地千百年来最隽永的主题曲。在凤阳，百分之八十的农户，都在这茶园里用辛勤的双手弹奏着茶的经典，弹唱世代传承的希望。茶叶喜阳，一垄垄的茶叶亭亭玉立，齐整地向着阳光。春三月，新芽吐绿，茶农们便忙碌起来。弯着腰，低着头，双手不停地在茶树上面上下翻飞着，一提一掐，掌心里盛满了可人的娇绿，而背篓里的绿芽随着主人的移动，也雀跃着。从晨光微出到晚霞渐退，采茶的人们都在茶园里忙碌着。这样的时节，走进凤阳，大街小巷都散发着茶的清香，清冷的街巷与热闹的茶园成了一道奇异的风景线。茶叶最好的采摘期是清明前后的一个多月，男女老少齐上阵，每人都练就了一手绝活，一样的眼明手准，有的人还能双手同时采摘，双手如鸡啄米一样忙个不停。

茶青上了市，各路茶人也忙活起来。种最好的茶，制最真的茶，成了凤阳有志茶人的夙愿。现任宁德市返乡大学生自主创业联合会副会长的卢允福，是凤阳乡天香村人。2014 年，毕业于华中农业大学的卢允福先生毅然回到凤阳乡老家，重拾卢家百年老品牌“永和春”，创办了福建永和春农业综合发展有限公司。卢允福深情地说，“永和春”以技艺、诚信闻名，卢家所制作的白茶、绿茶、红茶备受各地爱茶人士的喜爱，是一块金字招牌，是寿宁茶业的老品牌，我要充分挖掘“永和春”这个具有历史、文化底蕴的茶业老品牌，让老品牌在新时期再续佳话，与乡亲们一起分享致富“红利”。“环保、绿色、健康”，成为卢允福再续“永和春”佳话的生产经营理念。他的“公司＋基地＋农户”相结合的经营模式，也为当地农户创造了许多就业机会，更为凤阳茶业发展开辟了一条可持续发展的道路。如今，他的分公司开到了上海、福州等地，他用过硬的质量践行了环保、绿色、健康的承诺，也用骄人的业绩谱写了一曲新生代凤阳人的青春赞歌。

（三）

锣鼓山下连着梯田、茶园的还有葡萄园。“葡萄美酒夜光杯，欲饮琵琶马上催”，这首家喻户晓的诗句不知浪漫了多少情怀。葡萄美酒配夜光杯，浪漫而高雅。在中国古代，葡萄、葡萄酒被视为珍贵之物。唐朝陈叔达以葡萄敬母的故事堪称孝道经典。在一次唐高祖举行的宴会上，每人桌上都摆有葡萄。大家兴高采烈地吃着葡萄，但是侍中陈叔达却始终没吃，而是用纱布将葡萄包裹起来。汉高祖看到后觉得奇怪，便问他为何不吃。陈叔达说自己的母亲今日口干上火，听说吃葡萄能够生津止渴，所以带回家孝敬老母。高祖听后感叹道：“毕竟你还有可以孝敬的父母啊！”说完后竟然呜咽起来。原来高祖触景生情，想到了自己过世的母亲。一串葡萄引发的温情让人感动，如今，带着温度、带着热情的葡萄在凤阳大地上晶莹剔透着，甜蜜了万亩的田园。凤阳人大规模种葡萄的时间不长，但却把葡萄种植业发展得风生水起。探其原因，除了相关部门的积极推进，还得益于凤阳的土壤和气候适宜，当然，关键的还是凤阳人的热情和对葡萄种植的生态理念。正是这种园艺般的虔诚，把一份田间的种植变成了一份甜蜜的事业。

走进秋后的凤阳葡萄园，一垄垄葡萄架下，浓密的藤叶间，葡萄一嘟嘟一嘟嘟地挂着，令人目不暇接。紫得墨黑，每一粒都蒙着淡淡的霜，恰似粉面美人。凤阳人对葡萄是疼爱到骨子里了，他们可以将一天大部分的时间都守护在葡萄园里，像母亲守护婴儿。我们走进刘老伯的葡萄园，刘老伯正小心翼翼采摘一串串如紫晶似墨玉的葡萄，宛如抱着刚出生的女儿，满眼的慈爱，满心的欢喜。他说，从除草、整垄、施肥、挂果、修剪、选果、包护到采摘，葡萄种养需要十几道工序，一道都马虎不得。我嚼着葡萄的酸甜，也品着葡萄农人的酸甜苦辣。

凤阳葡萄属于晚熟葡萄，由于气候、土壤适宜，这里的葡萄多汁、绵甜、入口即化，回味无穷。旁边的同伴吃了一大串，不好意思地说，凤阳的葡萄，我吃了总是停不下来。

（四）

凤阳的乡民，拿起锄头是农民，穿上戏服、登上戏台就是演员。“方寸地，乾坤世界；霎时间，今古奇观”“北戏飞歌消旧愁”，农人们在一天劳作之后，最惬意最幸福的莫过于晚饭后看戏的时光了。凤阳是中国非物质文化遗产寿宁北路戏的发源地。三百多年前，凤阳前人就在这里唱起了集唱、念、打等于一体的北路戏。北路戏以西秦腔和吹腔为主，又吸收徽调、汉调、滩簧以及民间小调，综合成为多声腔的剧种，曾经名扬闽浙赣一带。在经历了一段沉寂之后，近十来年，北路戏又重新回到凤阳人的生活里，传统曲目与现代新编曲目齐上阵，成为凤阳人不可或缺的精神家园。新修建的刘氏宗祠戏台，高阁飞檐，气势轩昂，让人油然而生庄严肃穆之感。

凤阳人爱戏，上至耄耋老人，下至五六岁孩子，只要戏台一开锣，十里八乡的人便蜂拥而至。祠堂不大，没座位的，或站，或席地而坐。戏迷们极守规矩，本来还叽叽喳喳的大厅，戏幕一拉，便是无声的命令，立马安静下来，个个端直身子、凝神聚气，堪称最佳戏友。与我邻座的是一位 80 多岁的老婆婆，土生土长的凤阳人。没了牙的她讲话有点漏风，精神头却好得很。她说，只要戏台有戏，她必来。腿脚方便时，她自己能走上半个小时前来观戏，现在腿脚不行了，必须儿孙们搀扶着来。我说，你腿脚不方便，可以叫孩子们录下来，拿回去给你看。她却说，来戏园子看，才叫看戏，有味道，我点头称是。是啊，在现场，台上演员一招一式，传神入情，一唱一念，真切感人，台下观众亦是如痴如醉。台上台下同振共鸣，情感融融。

四季轮回，时光如流。锣鼓山上锣声不息，鼓声铿锵，直抵质朴的泥土、欢腾的河流，让岁月激越，让希望生长。一怀赤诚的血液里，奔腾着饱满的热情，淬炼出甜美的事业。我听到了山乡振兴的锣鼓声，正贯穿丛林田野，震天擂响。

三月，赴一场美丽的梨花雪

古往今来，诗人们总是把雪和梨花联在一起，“柳色黄金嫩，梨花白雪香”，“梨花明月皆如雪，时送清香到酒前”。诗人们将梨花比作雪花，我想是因为梨花和雪有着同样的特质：洁净、素雅、浪漫和柔情。

我喜欢雪，喜欢梨花，喜欢醉在雪和梨花清瘦洁白的气息里。

我的家乡海拔高，雪是常见的。孩提时代，气候远比现在寒冷，一年总是要飘下几场雪的。所以，一到冬天，尽管被冻得手脚麻木，还是祈盼雪来。大自然总是不负少年梦，就在某天的清晨，一觉醒来，发现窗外格外的明亮，推窗一看，雪已像棉絮覆盖了县城大大小小的山包、低低落落的屋檐。在晨光中，雪发出了灼灼的光芒，那些还在扬洒的大片雪花像山上的梨花飘落，洋洋洒洒，这样的景致，瞬间就让人欣喜万分。于是，冲出家门，踏着积雪，听脚下发出“咯吱咯吱”的声音，在记忆里，这是世界上最动听的声音。我们用通红的手抓起一把瓦片上的雪往嘴里，那份透凉醉了整个心扉。约上几个朋友，手忙脚乱地堆上一个雪人，用黑炭为雪人点上眼睛，日夜看着，看着雪人日渐消瘦。这雪醉的时光成就了少年愁，也照见了童年乐。可惜，地球变暖了，雪很少下了，今年更是没有一丁点下雪的征兆。无雪相伴的日子变得无聊寂寞。

“去看一场‘梨花雪’吧。”朋友的邀请，让深居的我精神大振。于是，驱车二十分钟，登爬半个小时，在寿宁西浦天星岗上见到了缤纷的“梨花雪”。“白锦无纹香烂漫，玉树琼葩堆雪”。只见山顶、山腰，几百棵梨树在这里开放，远远近近的山包都是白茫茫的，宛如昨夜一场大雪飘落。那挂在树上的梨花，一朵朵、一簇簇，尽情绽放，花影妖娆。梨花在阳光下闪闪发光，晶莹、透亮，仿佛空气中都散发着沁人心脾的暗香。徜徉在梨花树下，抬头望去，满眼都是雪白的梨花，炫得眼眉微闭，好一场美丽的梨花雪啊！梨花静静地开放着，一阵风吹来，便有花瓣随风摇曳，轻轻地舞动着，宛如仙女降临。于是，地上便铺上一层雪白的花瓣。那落在地上的花瓣，也不失妖娆，一片片轻沾黄泥，或飘落草叶上，白得可人，白得晶莹，依旧万千风情。

天星岗的这片梨树已有近五十年树龄。20 世纪 70 年代，是教育战线上勤工俭学活动蓬勃开展的火红年代。西浦中学的师生们响应国家号召，坚持勤工俭学，开荒山辟草地，种上了二百五十亩梨树和苹果树。天星岗山势并不平坦，岭高路陡，特别是冬天，路面结冰，一不小心，就会滑个四脚朝天。但这难不倒师生们，他们先挖土基路，再挖坑除草，利用课余时间，硬是将一片荒山变成了生机勃勃的果园。当时，没有化肥，师生就将家里的农家肥一担担挑上山。许多人手上、肩上磨破了皮，长起了泡，仍然坚持劳动。一届又一届的拓荒者在这里留下了辛勤的汗水，留下了奋斗的青春年华。据了解，因气候、土壤的原因，这些果树的经济效益并不高，所产果子除了分一些到师生们手上，所剩无几。但劳动实践带给师生们的影响却是巨大的，劳动的艰苦和快乐是书本难以给予的。如今，半个世纪过去了，梨树少了许多，那些挖坑植树的师生有的头上也有了这梨花般的白发，但却始终忘不了这片梨树，忘不了那些种养桃树火热的岁月。身处异乡的，回乡时，总要抽空上趟天星岗，看望这些老朋友们。梨树们确实老了，有很多枝干已然枯死，用手一掰，残粉纷飞。但是，就在这似乎枯死的枝干上，雪白的梨花，不负岁月，不负西浦中学师生们的青春汗水，年年花开，暗香如故。为了得到更多的阳光，山坳里的梨树普遍长得很高。许是多年无人管理，梨花开得并不是很肥壮，但不影响它们的魅力，一拨一拨的人赶来，只为这满山遍野的白，为这晶莹的亮，为这清雅的香。一对年轻的夫妻抱着两个月大的孩子，一路大汗淋漓。说，再迟几天，梨花期就过了。是啊，梨花雪，在这美好的春三月里，谁愿误你的花期?

到过天星岗的人都知道，观赏天星岗梨花的最佳位置是在天星岗头。站在高处巡望梨花海，阵阵浪花奔涌，天上的白云和山野的梨花遥相呼应，置身于云天梨花海，让你分辨不出哪些是云，哪些是花，只有满目的莹白和满心香甜的呼吸。

待我们要下山时，太阳正高，阳光下的梨花多了一层霸气，白得炫目、明亮，一如我心中经年的雪花。

作别梨花，我心如花，我心似雪。

十里绿谷洋深坑

选择初夏到山野走走，向山风要来鲜美的呼吸，向蓝天、碧水、绿地要来满目的清欢，向清幽奇境要来心灵的温美，我想这是休闲时光里最浪漫的事。

生长在大山，以为自己对山高水长已是麻木，或已有厌倦，时常向往大山外的一马平川，渴望到大海边，感受波涛翻滚的蔚蓝。但是，走了一趟清源的洋深坑，我发现山情土色早已根植于我的骨子里。我的眼睛、我的呼吸，还有我的灵魂，都如此鲜明地印刻着我对山野纯粹的爱恋。

洋深坑村位于清源镇西北大山深处的谷底。车子在崇山峻岭间穿越，从山顶到峡谷，落差五六百米，从车窗往外观看，峡谷一眼望不到底，一揽峡谷小，仿佛整个峡谷尽入怀中。车子开到河边，来到了洋深坑的地界。这是一条长约十里的峡谷，这条峡谷非常适合漫步行走。清澈的溪水在幽深的峡谷里一路欢唱蜿蜒而下。山像是被神斧劈开，峭立而挺拔。在不宽的溪流两岸，高山以绿曼为衣，山花为缀，深情对望。向上疯长的绿叶在风中涟漪起一波一波的绿浪，山涧间瀑布秀挂，形成一道气势恢宏的天然绿色长廊。在这样的时节，一些高挑的映山红也不甘示弱，硬生生地在绿浪中挤出脸来，在我们的眼里俏而媚着，让你心动无比。

一路与涓涓流水逆向而行，我们不时跑到河边，与小鱼嬉戏。从高山上长途跋涉而来的山涧水，带一路石情泥香，在这里相拥而行，与沙石激情相亲，扬起一路细浪，美不胜收。多种溪鱼在这里栖息繁衍，其中就有神秘的娃娃鱼和“四脚鱼”。“四脚鱼”号称“火龙”，也叫东方蝾螈，属于国家保护动物。它的腹部是红黄江黄色，还有一些不规则的黑斑，红腹蝾螈形似壁虎又如娃娃鱼，尾巴像蝌蚪，属于红腹蝾螈。红腹蝾螈生长在山溪中流速较缓的水域，环境周边的生态要非常好才能生存，它们需要较冷的水（5℃—25℃）来维持身体机能。由于洋深坑地处僻隅，水质保护良好，且温度适宜，这里就成为红腹蝾螈繁衍地。

洋深坑村原名百步岭，缘于村后有百步陡峭的石岭而得名。洋深坑村不大，十几幢老房子依山而建，坐西北向东南，隐身于高大而有年头的树木之中，古朴而幽静。原生态古村落，一个没有被时代造访的村落，几栋老宅守着鸟鸣花开的岁岁年年。青砖、泥墙、黛瓦、小石子路，嵌入青山之间，调和出这个村落幽静的颜色，一个或被淡忘的原始画境。

环视四周，细心的你会发现两棵二百年树龄的柳杉和一棵檀香树是这个村庄的风水树，它们成三角拱卫着村庄，笑迎远方的客人。2002 年，毕业后在外地工作的李瑞环返回洋深坑，感慨于美丽家园不再有人居住，田园荒废，路面长满芒草，便与亲戚族人商讨，依托这里自然、丰富的资源，发展生态经济。当年不到 30 岁的李瑞环因热爱这片如世外桃源般的家园，从县城返回这里，参与“百步岭”生态农业基地开发，以“农家乐”形式解决住宿与吃饭问题。她和亲戚一起雇用民工，在荒山及公路、古道两旁种植苦楝、香樟、杉木、松木、雷竹等。经过多年的植树造林，洋深坑周边的万亩荒山全部得到绿化，新增绿化面积八千多亩，山村又恢复了生机。

二十个春秋山色改，改变的还有李瑞环的容颜，山野之风已然在她的脸上烙上了岁月沧桑的印迹，一双曾经娇嫩的手变得粗糙无比。问她怎么过得了这山里寂寞而艰苦的生活。李瑞环说，刚开始，还会感觉孤单。后来，看着一个个山头越来越绿，听着越来越热闹的鸟叫蛙鸣，便不觉寂寞了，反而习惯了。她说，生态好了，这里的动植物种类越来越多了，野生中草药遍地可寻，多年不见的小猕猴也会来到树林边，跟她耍着各种鬼脸儿。

清新纯净的这方净土，吸引着来自霞浦的李贵龙先生。一年前，他对这里一见钟情，立即筹集资金，邀来志同道合的朋友，开发习道文化农场，着手在这里创建集文化教育、生态农业生产、乡村旅游、休闲文化康养等于一体的综合型新兴农业旅游开发项目。这些项目以养生与学习结合，休闲与习道结合的理念，将洋深坑的自然景观和中国传统文化特别是汉唐文化融合起来，以文成长，以文养老，形成康养的生态养生新理念。十里长廊十里诗，这是让人向往的一种生活、学习状态。白天体验大自然生态之美、享受鸟语花香与阳光，晚上可以躺在玻璃房里，听音乐看繁星，这样的蓝图让我们充满感动和期待。

我们到达农场时，正值福安市建荣书画院举行揭牌仪式。书画院的院长缪建荣是中国书画名家研究会理事、中国艺术人物网福建频道副主编、海西墨韵书画院院长。缪建荣高兴地说："这里太美了，天是碧蓝的，水是青绿的，一切都是纯天然的。早晨起来，一打开门，新鲜的空气扑面而来，与大自然来个亲密接触，养生与艺术创作一举两得，真好！"习道文化农场为热爱艺术的人们提供以文会友的平台，书画交流、游学教育、户外写生、社会体验等，这里将成为福安市老年书画协会户外写生基地、龙辉课堂游学基地、彦勤书画院游学基地及省内外书法家、作家的创作交流基地。

漫步在树林里或菜园边，可见几十年的老枞茶高挑清瘦的身影，这些野生的老枞茶总是要比其他地方的茶长得慢，产量也很低。但它们长自深山原野，自然而纯净，深受人们喜爱。基地因地制宜，以"不懂诗何以懂茶"为理念，推出了福建小菜茶老枞纯手工制茶体验坊，示范制茶过程，让参与者在体验中，品茗识文悟道。

来到体验坊，我们见到了清纯可爱的霞浦姑娘孙婷。去年，她大学毕业后慕名来到农场，发挥自己的特长，专门从事汉服的设计制作。目前，已生产二十多款男女装汉服，深受来访者喜爱。李贵龙先生是个爱好广泛的才子，在书法、国学、象棋方面造诣很深。他向我们介绍说，我们建设的这条文化长廊是一道融合教育与文化、休闲与汉服体验、诗词诵读书写等多样化结合的风景线。他们还将在这里创办水上高山马尔代夫、大自然阳光房、时空音乐缆索、竹上中草药、摩崖石攀岩基地、古道攀爬等项目。

傍晚，这里的天空干净透彻，洁白的浮云、澄蓝的天空、青绿的湖水，水天三色。清爽的微风轻轻地穿过小湖面，携潮湿的水雾，轻柔起舞。这个时候，坐在简易的渔排上，“独钓水天三色”，看夕阳如何摇动万物的心灵，听山野如何把大自然的深邃和纯洁歌颂，这是人生乐事，亦是心灵盛宴。

九岭爬九年

“车岭车上天，九岭爬九年。三天三夜三望洋，一支蜡烛过岩洞。”寿宁这首传唱了千百年的民谣，唱出了寿宁交通的艰难，唱出了寿宁民众的辛劳，也唱出了寿宁人心中永远的乡愁。寿宁山高岭峻，民众为了打通与外界的交往通道，不畏艰险，开辟出了一条条出山道路。这些古道曾是寿宁与外部联系的命脉，九岭就是其中最重要的古道之一。千百年来，南来北往攀过九岭的官员、商人、文人骚客难以计数，留下了许多感人的故事和诗文。如今，攀登九岭古道，体验古道文化，铭记一份初心，感悟梦龙精神，成为人们时尚的健体休闲和涤荡心灵之旅。

寿宁县地处闽东北部，洞宫山脉南段，位居闽浙两省交界，素有“两省门户，五界通衢”之称。自建县以来，寿宁很长时间归建宁府管辖，府治在建安（今建瓯），九岭就是寿宁通往建宁府唯一的通道。九岭古道始建于宋代，是寿宁县历史最悠久的官道，也是古代府县官员往来和公文递送的必经之路。明永乐《政和县志》记载“九岭在政和北里，去县二百一十里”，九岭成为历代官吏到府衙述职的必经之路。在中国，商旅古道、茶马古道比比皆是，但九岭却是一条特殊的“白银古道”。早在寿宁设县之前的宋代，寿宁就有银矿开采业，以今大安乡官田场为中心，形成了福建四大银矿之一的官田场银场。在这里，开采出来的白银就是通过九岭运到建宁府，再转运京都。九岭到政和县城这条古道就成为闽地著名的“白银古道”。

九岭全长约10华里，路宽1.5米，因所处山脉有连绵的九座高峰而得名，海拔近千米，岭头起自九峰堂山腰，向南而下，至茶亭后，岭势转急，陡而险，落差达600多米。自寿宁建县到清雍正年间，在近三百年的时间里，从首任县令陈醇，到雍正末年知县马大纪，共有七十多位寿宁知县，每年都要翻越九岭，一路兼程，前往建宁府述职。寿宁气候寒冷，冬天霜冻多，石级湿滑，得万分小心，稍不注意，便会滚下山崖，其间的艰难可想而知。据资料记载，九岭的路面是由九岭溪中的鹅卵石铺砌而成的。这些鹅卵石在水中孕育，又在这古道上与泥土相伴，迎送万千过客。如今，这些鹅卵石已是黝黑满目，厚重沧桑。我想，这里的每一级石阶都浸润着祖辈们辛勤的汗水，记载着寿宁先民和基层官员的艰辛。漫长的岁月里，在这条古道上，汗水与白银、茶香交相辉映，闪烁着寿宁文明光辉灿烂的光芒。

清乾隆年间知县丁居信一首“几回盘曲上危坡，遥指前峰石破多，历尽燃岩临绝顶，四山环翠绕青螺”的诗句，写出了九岭曲回、险峻以及群山青翠之美。正是这旖旎的风光和厚重的历史吸引了越来越多的人来登爬和体验，感受山地文明的无穷魅力。有人喜欢春天来爬九岭，春天里的九岭，十华里向上的征途中，草色娇嫩，鸟语花香。几阵春雨过后，路旁两侧的茶园，绿浪绵绵。细嫩茶芽儿探出了尖尖的小脑袋，一个接着一个，向着行人微笑着，清爽温馨。如果运气好，还可以在路旁的山竹林里找到刚刚冒出土面的小笋儿，这是九岭路上的一大珍宝，佐以寿宁本地的菜干爆炒上桌，是一道美妙的佳肴。有人霸气地说，这山中嫩笋，你抬肥羊嫩猪也不换。

我喜欢秋冬时节的九岭，这时的九岭，风情万种。从高处往下看，九岭溪、丹溪汇聚而成的双龙湖，湖水碧绿，波光粼粼，宛如一颗巨大的翡翠。环视或近或远的群山，大大小小的山头挂满了锌橙，青绿之中黄果点点，色彩迷人。路旁的枫树换上了热情的红装，浪漫而多情，看着飘落在地上的枫叶亲切地靠近你的双脚，所有的烦恼便了无踪影。两旁茶树也由翠绿变为墨绿色，安静地立在寒风中，保持着温馨而甜美的面容。遇到极寒的天气，路两旁的冻土给我们呈现了另一番景致，一条条小冰柱顶着一撮黄土，在太阳光下晶莹闪亮，甚是壮观，用脚踏一踏，会发出嘎吱声，清亮入耳。

古道陡险，迂回曲折，即便是冬日登爬，也是汗水涔涔，行至岭头，一株古松直插云霄，树梢虬枝横逸，皮表龙鳞斑驳，皲裂龟开，沧桑之感立现。其主干直径逾米，两三人方能合抱。部分枝丫，历经岁月沧桑，或已枯死，垂垂老矣。树干底部，有一被火烧过的大洞，了解当地民众，火烧洞是 20 世纪 70 年代形成的，有村中民众欲砍伐此树，用刀斧均砍不了，便用火烧，可烧了不到四分之一，火便自然熄灭了，他们只好放弃砍伐。这棵松树距今已有近四百年历史，明代寿宁知县冯梦龙在《寿宁待志》中写道：“蒋诰，广西桂林府金州灌阳县人，由举人于万历四十一年任，四十三年十月丁艰。侯之善政不尽详，但闻捐钱植松数百于九岭，以蔽行人。今渐耗，其存者犹数十。笞罪亦许种松自赎，即此可想其人矣。”当时的知县蒋诰让犯轻罪的人以种植树木来抵罪，确实是一种好办法。冯梦龙在盛赞蒋诰的同时，也致力于九岭官道上树木的种植，他发动民众在路两旁补种松树。四百年过去了，松树所剩无几，唯有这株古松，躲过无数劫数，历尽万般磨难，得以幸存。站在树下，举目仰望，我不禁思绪悠悠。这棵古松，伸着绿色的枝丫，像荫庇的长者守候在这里，抚慰着来来往往远行的脚步，护佑着这方山水。

一路上，有民间善众就地取材，在清泉边上修建一处茶堂、四穴甘泉、五座凉亭等，供行人休憩避雨解渴。如今，由于现代交通的兴起，古道年久失修，史料记载的茶堂、凉亭已经基本不在，仅剩一些残垣断壁。九岭地势险要，咽喉之地——九岭隘，易守难攻。1858 年三月，太平军由政和县入境平溪经芹洋攀九岭，向寿宁县城挺进，欲一鼓作气攻下鳌阳城。在九岭隘，太平军被据守在这里的卓麟英团练堵截。太平军一次又一次发起猛攻，都被团练居高临下的箭矢和礌石滚木所击退。双方相持数日，太平军伤亡累累寸步难进，只能望岭兴叹，无奈退兵。卓麟英守隘有功，被朝廷封为“武翼都尉”。

在海拔 1168 米的九岭冈，分布着天然的石马、石龙、石门、石洞和释迦牟尼石像。传说唐朝末年一位得道僧人途经九岭，登上九峰冈，看中了这块三宝之地，便化缘筹资，修建了名刹九峰堂。九峰堂雄踞在九峰山上，规模宏伟，环境清雅。面朝万重叠翠，静看云蒸霞蔚，悠游其中，让人颇有一番心得和感悟。

九峰堂堂内有一深 1 米、宽 1 米、长 2.5 米的古井，古井常年喷流，清澈见底。井旁立有石碑，“景泰元年建”等字。传说，清康熙十三年（1674）三月，靖南王耿精忠在福州发动叛乱，其部属 600 多人曾在此驻马屯军。1986 年，在这古井中发现柄上镌有“耿精忠”三字的短剑一把，为“耿精忠兵变波及寿宁”这一历史结论提供了物证。

“脚步是看待大地的一种方式”，行走九岭古道，仿佛走进了一条横跨千百年的时光隧道，一阶阶古老的鹅卵石仿佛在默默地向你低语，讲述着古老的故事。这条由血肉之躯踩踏出的漫长古道，是寿宁文化的见证者，也是寿宁文化的活化石。它宛如一条生命线，系着散落的村庄，将山里人人人小小的梦想和希望串联，向前延展，散发着迷人的文明之光。它已成为人们永远不会忘记的乡愁。

清源武翼第探秘

古民居是石之史诗、木土之史诗，是地域文化底蕴和精神的一个载体，等待我们去挖掘、探秘。武翼第，是寿宁古民居文化的一个代表作品。走进武翼第宛如走进一本内容丰富、异彩纷呈的奇书里，每一章都给你带来惊奇，每一页都给你带来视觉与心灵的震撼。

——题记

（一）

武翼第位于清源乡“南门坑底”，距今已有近两百年历史，是清代参将卓麟英（1826—1890）所建的府第。卓麟英，行名永滋，字兰畹，号汉卿，清钦赏参将，诰授武义都尉（正三品）。卓麟英文武兼资，武功高强，名震一方，他使一把大刀，重达百来斤。1851 年，洪秀全领导的太平军在广西金田村起义，1853 年占领南京，建号“太平天国”。清政府为剿灭太平军，下令地方组建团练，协助清政府行动。曾国藩、李鸿章分别建起了“湘军”和“淮军”，寿宁巨富卓麟英也积极响应清廷号召，斥资组办了团练。

1862年率团练与太平军作战，并击溃进入寿宁的太平军杨辅清一部，战功显赫。清廷平定太平军后，卓麟英被封为福宁府参将，其妻叶氏诰封淑人。光绪庚子年（1900）叶氏八秩荣庆时，清内阁学士兼礼部侍郎陈宝琛作序恭祝。卓家将陈宝琛的寿序和其他贺寿词文，用毛笔书在一幅宽2.8米、长3.3米的绸缎寿轴上。一百多年过去了，这件寿轴的绸缎色彩依然艳丽，字迹清晰，堪称珍品。

卓麟英被封为参将后，于咸丰年间花重金修建府第——武翼第，工程历时40多年。因当时政局混乱，盗匪横出，在修建武翼第时，外筑城墙，前后四角修有门楼炮台。据说，当时修建时，有人向官府告状，说卓麟英私修门楼炮台，意欲造反。福宁府便派人下来调查，调查的结论是卓麟英为参将，官列正三品，修门楼炮台合乎规定。

武翼第横宽50余米，纵深70余米，占地面积3000多平方米。外墙高7.8米，底层高4.5米，土墙厚度2.9米，二层高3.3米，土墙厚度0.55米。如此巨大的承载，近二百年的风雨冲蚀，武翼第外墙却依然高挺，墙体不开裂不歪斜，让人惊讶。卓氏后人介绍说，一般的房子只有一条基石座，而武翼第四面的基座都是由四条基石座组成，牢固坚实，故能御风抵雨不动摇。外墙土质坚实，用手抚摸，平整甚至十分光滑。据了解，土墙之所以结实，是因为当初在垒筑土墙的土里加入了糯米浆，增强了土的黏合度和光滑性。如今，我们不知道这座房子的土方重量，无法想象这么多的土方到底需要多少的糯米浆，这份泥土与糯米浆一起述说的故事可谓精彩绝伦，再一次彰显了中华民族伟大的智慧。

房子新落成时，主建筑就有房间八八六十四间房，取意八卦吉祥数字。后来随着人口不断增加，二楼又添新房间，最多时，府第内生活有一百多人，相当于一个小村落。在修建武翼第的后期，卓麟英在后面的宅基地上又修建一座五溜房，其内部的石雕、木雕精美奢华。武翼第的右边是卓氏宗祠，在很长的时间里，卓氏宗祠是卓氏子弟读书和学习的地方。卓家历来重视耕读文化，族氏设有义田和学田，倡导乐助善为，奖学奖优。宗祠前有两排旗杆石，最前面的两块刻着“清光绪庚寅年榖日”，一块刻着“钦赏参将卓麟英立”。厚重沧桑的旗杆石昭示着卓氏先祖辉煌的成就，也是卓氏族人耕读传家思想的历史见证。如今，曾经的辉煌已湮灭在历史的记忆里，但优良的族风、家风却成为卓氏家族最可贵的精神财富。

气势恢宏的武翼第，庄严肃穆的祠堂，连片而立，散发着独特的韵味。

（二）

有人说喜欢古旧物的人多是对岁月的一种怀想和追思。正是带着对一位武将的敬仰和对一座古建筑的景仰，我第三次来到了武翼第。进武翼第的巷子不深，但两旁墙角的青苔、剥损的墙体，还是给了我一种时光悠远肃穆之感。站在武翼第的大门前，看着阳光照在这座老屋泥墙上发出金灿灿的亮光，我的内心蓦地涌起一种感动，感动于这片大地造就的豪杰英才，更感激工匠们创造了这个奇迹般的建筑。房子左右两旁的附属建筑和炮台，将大门围成凹拱状，这样的拱卫既彰显了房子的广纳风水之意，又使得房子具有更强的防御能力，如有来敌，一到大门前就完全暴露在炮台的火力之下。此时，仰视两旁居高临下的炮台，我不得不佩服古人的智慧和才干。

踏着用红石打造的三级门槛缓慢而上，虔诚地站立大门前，用手抚摸着石质大门以及门槛，内心的敬仰越来越高涨。古代，门被称为“衡门”，是一种领地的标识。武翼第正屋大门有二重，第一重门用 10 厘米厚的樟木匝上铁片条，门四周用十来吨的大青石经雕凿后围成门框。一块厚重的门楣与两边的石条凹嵌相接，接合处密如一体，连一张纸也伸不进去。门槛高达 40 厘米，厚 20 厘米，这样的厚度和宽度在古建筑中非常少见。右手边有一个狗洞，厚达 60 厘米，雕切面非常光滑。洞不大，这样的直径，要在里面进行凿切，而且如此光滑，不知工匠们是怎么做到的。

武翼第门楣上方的匾额以石为质，竖立，这在古建筑中也是独有特色的。在中国，大门的匾额被称为“古建筑的灵魂”。其实，匾和额是不同的，横的叫匾，竖的叫额，统称匾额。《说文解字》说，用以表达经义、感情之类的属于匾，而表达建筑物名称和性质之类的则属于额。据有关资料发现，在古代，三品以上的武将用“额”的较多。武翼第三个字的匾额是用一块石头雕制而成，凹陷深度达 10 厘米，最上面的深度竟达到 20 厘米。其雕切面均匀光滑，你很难想象这是石匠们用锥子、凿子一锥一凿细雕出来的。

“武翼第”三个字是宋体，有意思的是“武”字的一点被点到下面，是错别字吗？不是。点不出头，就是武不外显，不炫耀，是为“深藏一点，内敛一点”的意思。同时，宋体的武字点是刀形，将刀点下移，也表示不示威，不举刀的意思。一个细微情节，彰显了儒家文化的内蕴，表达了主人向往和平的美好意愿。大门刻有一副对联：“云台绳祖武，仙案起人文。”十个字苍劲有力。联中“云台”暗喻卓氏先祖卓茂被封为“云台三十二将”之一，“仙案”则取意“武翼第”面朝仙山顶山案，全联寓有“左武右文”文武双全之意，“左武”指卓麟英，“右文”则为增补贡生的卓凤英，即卓麟英的弟弟。一联十字蕴藏如此深意，让人肃然起敬。

（三）

跨进门内，仰头而视，六个彰显身份的圆形户对十分显眼。两大四小，中间户对的花纹呈牡丹花样，正面是龙凤图案构成的“福”字，代表着富贵高贵，旁边的户对雕刻的图案是向日葵，象征多子多福。中国古代建筑学有一个重要原则，就是讲求和谐美。“户对”的数量必须是双数，如二、四、六个。在相当长一段时间中，朝廷规定，一到五品官员可以为六个，卓麟英诰授武冀大夫，是正三品，所以有六个户对。大门的左右两边有楼梯可通二楼，在两重门之间与二楼开设互通口，是这座大宅的第一道安全防卫线，即第一重门如果被攻破，第二重门可以不用打开，守兵就可以从两边往楼上撤退，并随即关上二楼小门，房主安全的攻守理念可知一二。

这是一座一进七溜房，每溜三间，高三层半，四周墙体高两层。屋顶瓦片为专门烧制，厚 0.5 厘米，屋檐 5 层。前后两个天井，前天井呈横扁形，后天井呈长方形。所有的窗户都朝向天井，上达天光云影，下接地气风韵。天井排水顺畅，据说不管下多大的雨，天井都没有积水，这源于建造者设计的科学排水系统。除了环主屋的下水道外，天井雨水及其他生活用水，都通过支道流向宽 40 厘米、深 50 厘米、四面均用水磨石块砌成的主水道。主水道弯曲回旋，有纳风水之神秘感。整个排水工程呈网状，工程浩大，所花物力、人力难以算计。

大厅的梁柱斗拱雕刻精美，刻有龙、凤等不同装饰，龙口衔如意，其后点缀透雕翅膀，意为展翅高飞。其他几个斗拱也都采用了透雕手法，斗、拱、昂、翘等都做了艺术加工，细致精美。厅堂上的灯座是木雕花座，薄如铁，完整无缺失，用手敲击，清脆坚硬。前往后厅的两扇门，已斑驳残弱，细看其雕刻，却是十分精美，左边雕塑的内容是一位武将晋见皇帝的情景，武将的盔甲清晰可见，右边的是武将骑马归来，拜见父母的情景，人物、画面栩栩如生，十分生动。

伙房的灶台是用一块高 80 厘米、长 2.5 米、宽 1.5 米的巨石为原料打制成的。灶台台面，质感滑润，用手抚摸，你仿佛还能感受到食材的温度，闻得到浓郁的饭香、酒醇。我们仿佛看到了主妇们在这里精心为家人准备精美菜肴时幸福的笑脸。细看灶台，发现灶台石的下部边沿凿有两道凹槽，凹槽均匀光滑，像现代机器雕刻出来一般。工匠们为什么如此费心费力去雕刻这样的凹槽？这是设计者独具人文关怀的体现。一是为了美观；二是凹槽可以防止灶台上的热汤或油水直接滴到主妇的衣服或鞋子上。如此用心良苦的细节设计，让我们感慨不已，感动万分。整个厨房的材料以石质为主，就连灶神龛也是石头打制而成的。这样的石质厨房，防火灾，防虫鼠，安全稳固。

厨房里的给水系统也是匠心独运。水源引自后山清泉，通过地下水道进入厝内。整条水道隐秘、安全。用一块巨石打制而成的蓄水槽里，蓄满泉水，晶莹清澈。在这样的夏日，掬一捧入口，清凉入肺。而那进水的小石槽更是一件尤物，用一块整石雕打而成，嵌入墙体，一头进水，一头出水，妙不可言。厨房上两扇门窗用的铁条是手工打制而成的，均匀圆润。经历了近两百年时间，钢条依然没有腐烂，只有其表层上的铁锈红在诉说着岁月的久远。

设计者极为重视房子的安全防御性能，除了房子四周的火力炮台，双重门防御外，在后花园左边靠墙处还修了一条由石头打制的地下暗道通往后面的房子。这条暗道可由一人弯腰进出，当外犯之敌攻入房内，房子里的人可从此暗道撤退到后山房子，安全离开。

参观武翼第，就是在参观一座石雕博物馆。从大门的石级、门石、匾额，大厅的莲花石笕、石磨，储存间的石斗，再到厨房灶台、大小石槽，甚至于灶台下的猫洞石、炭坑石，无不精妙绝伦，让人叹为观止。据卓家后人介绍，建造这座武翼第，前后四十余年，参与的石匠不计其数，有的祖孙三代都在这里，终日用锥子、铁锤敲打大大小小的石头，灰起烟落，他们用智慧和汗水给我们留下了精美的石之瑰宝，让我们看到了中国工匠的精神价值。

（四）

紧跟向导，轻轻地登上二楼。目之所及，耳之所闻，依然震撼。墙头外侧仿城垛形式建造，墙上廊屋为穿斗构架，高5米，垛间设窗，仅前墙就有14个墙垛、13个窗户。2.9米宽的墙体虽为土夯却厚实而坚固，确实如人们所说，可以在这墙体之上策马奔驰。从墙头上一个个小单元的分隔与遗留的灶台，可以看出卓氏后代开枝散叶，繁衍较快。

在二楼，可以细细察看后部的两个炮台，炮台设有上下两层枪眼，枪眼设计成外小内宽的锥体，射击者可以左右移动，打击面宽而远。二楼门窗全部采用外小内宽的四面锥体设计，两扇窗户打开时，紧贴两边墙体，没有伸出部分，行人往来十分方便，特别是孩子们在这里玩耍，不会碰着伤着。奇巧用心的布局、设计，再一次彰显建造者的人文性和智慧。

武翼第就是一部神秘的“奇书”，内蕴丰富，让人惊叹。绵延于墙角边、石阶上的青苔绿衣，昭示着岁月的悠久、世事的沧桑。曾经的荣光与时代流变而过，留下沉甸甸的文化积淀和历史记忆，还有后人对先人的敬仰之情。而我们能做的就是对武翼第抢救性保护和文化挖掘，这是对优秀传统文化的一份传承，这是对根的一份情义与守望。

诗歌

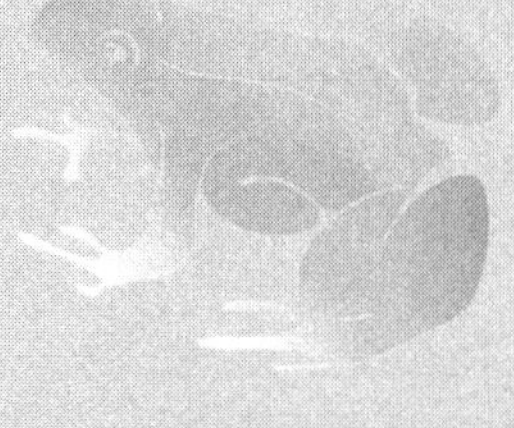

向往的翅膀

你在我身旁风姿绰约
倾诉你飞翔的欲望
我难抑兴奋
追逐你　我确信
抓住你的翅膀　我将可以飞翔

带我穿越吧　一如既往地追随
听　敲响晨曦的露珠媚极了
而花朵已应声开放
此时此刻
珍珠欢腾　群山蹈舞

向往伴着神鹰　君临大地
一刹那　胸中奔突着火焰
展翅的意象大胆而热烈
是的　我不可以犹豫
岁月远游的鼓点正撞击我的年轮
在许多可以高昂的声音中离去
那么　为我　再停留或重现

我愿意在这个早晨
回想着你的阳光和声音　并且
过滤我尊贵生命的惶恐与暗淡

新年的窗棂仍然升腾着茶香
倾听追春的鞭声
那夜　高处的灯盏唱起了酒歌
而疯长的向往　牧放着神鹰
降落在一群年轻的欢笑中　肆无忌惮

谁又在山歌荡起的炊烟里
诵读向往的意境　你说
真实的春天是星空里奔跑的群马

浪尖上打磨的誓言
鼓动了雀跃的翅膀
放映着光芒
你说　看那光亮宛若神迹
当向往舞动心灵
这光亮便是整个世界

草色蛙声

这时节　田间充盈的汗味
是在一阵阵蛙声中开始腾起的
青草的轿子抬着深睡的花蕊
让沾着泥巴味的鼾声也节奏均匀

风托着那些浪漫的灰尘
在晨曦上闪着火焰般的眼
晨雾和炊烟愈发早地相拥而来
袅起了婀娜的蛇舞

接替蛙声是鸡鸣　狗吠　牛哞
还有田泥里的水泡儿
桃花还在隐居
草色已在春风中
点燃了大地的火焰
一遍遍掀起我潮热的眼帘

老菜农

沾着泥土的裤角半卷着
将大山的晨曦卷入人迹稀少的街道
棕叶斗笠上晶莹的露珠
将每一个清晨的艰辛
送入山城清凉的风中

箩筐里青菜静静地躺着
如同婴儿躺在摇篮里
老农肩上扁担的咯吱声是幸福的摇篮曲
从小菜苗到如今离开土地
一百多个日子
被汗水浸没在记忆里　绿了心

问价　讨价
一捆青菜的重量让秤砣稳当地挂在秤杆
老人对紧盯秤花的中年妇女说
放心　价格明说　斤两不少　也没施农药
他把钱放进旧手帕里　用力扎紧
我拎起最后一捆青菜过了秤
老人说　你喜欢　我明天还来

于是　在这个小巷口
我逆风而立
只为那一捆绿色的精灵

姥姥的火笼

姥姥的火笼是从娘家陪嫁来的
特厚实　一炉火能暖上一天
这让姥姥十分骄傲

炭火在那大火笼的陶瓷里
暖和了姥姥整整三十年
烘干了五个孩子的尿布
也烤走了姥姥双手的水分
粗糙起皮的还有眼角的纹路

城里的大舅送来了电火笼
姥姥说还是我的竹火笼好
于是那只竹火笼继续烤着姥姥的岁月

三十年后补了又补的竹火笼
再也装不了热情的炭火了
看着散了架的竹火笼

姥姥着实伤心
抱起陶瓷盆　宛如抱着至爱的岁月

时光鸟在风中

珍贵而易逝的鸟
孤立窗外
从白飞到黑
叫走了晨钟　喊走了夕阳

那人站在鸟飞过的废墟上
巨大的汹涌顿时在心中漫溢

时光的残骸搁浅如贝壳
风深情而哀伤地说
我不会停止
但我绝无恶意

面对一座山

仰望　枝蔓摇曳
仰望　飞鸟翔舞
高山的太阳极为任性
灼烧着旷野的风
从山道出发
谁能抵挡这绿色的诱惑

牵着盈血的夕阳
我憨厚的松　衣着整洁
走着 T 步　居然婀娜多姿

在初春的雨中

冬眠的那些动物该醒了
小草在老根的怀里不太安分
开始了让人期待的躁动
此时流行的鹅黄色
被雨一吻

羞涩四溅
羞涩的还有那扶着犁桦
从泥浆里拔出黝黑脚杆的男子

雪　我的雪

一袭白裙飘然而至
盈盈的在树梢或在窗前
让所在喧嚣都停了下来

停下的还有这终日流淌的河水
月光撒出了晶莹剔透的珍珠
我终于明白
银白的月色是你的知己
可是
谁是你伟岸的王子
谁将给你零下沸腾的爱情

在龙江岸边

龙江流淌着　不曾为谁停留过
一拨一拨　争先恐后
不断地翻动着每一个清晨
对岸石板边　女子捣衣的声响
把日子晒成了五颜六色

吊脚楼不是被江水带走的
钢筋与水泥终究还是占领了高地
那条长桥以这座古镇标志物的地位
让老渡口摇摆在古镇的记忆里
远了　还有居民熟悉的号子声
老舵手带着儿子摆起了水果摊
用握桨的大手拿秤　他很不习惯
他对儿子说　桨有分量　秤有重量

阳光不断撒下的黄金
迷离了恍如隔世的堤岸
江岸上　苍老的瓦砾守护着精美的古窗花
朴实的民风在鹅卵石路上徐徐吹动
老房子里先贤的故事很动人

许多大门口就写着题目
有的还是某个皇帝的手书

秋天的掌声雷动　当然　还有不期而遇的敬仰
萦绕在沙洲的上空
龙江啊　我就在你的旁边
这样亲近你
不能潜入你的底部
我将不停地追问你真正的源头

茶香喂养的乡愁

乡愁是三月的茶芽儿
嫩黄的小手拍绿的山野
云雾　溪水还有浅浅的香
都牵着阳光　含情脉脉

乡愁是母亲揉搓的茶青
每一张叶片都飞出山歌
青涩的绿意漫过四季
比水还深
乡愁是母亲寄来的一盏茶香
毫无顾忌地将书房里安静的空气

蒸煮得沸沸扬扬

乡愁是一场远乡的茶约
从四面八方赶来
只想在你的唇边
亲吻你熟悉的乡音
风过肩头
有多少荡气回肠的伤痕

可以嗅出茶的情分
在这陌生的城市
我要以茶花的姿态潜伏
把乡音托付给淅沥的小雨

乡愁是夜的花朵
于无声处
不知何时　突然把你的暗香
一点点地穿过我的身体
谁也无法预测
这样一个精美的夜晚
我还能不能坐上茶香的花轿
再做一回春天的新娘

致戴清亭

岁月犹如脱缰狂奔的烈马
让所有的过往无法停留
喧嚣的声音或许淡去了
但你在这里
使所有前行的脚步充满景仰

我因仰慕而思念
你却因怀念而耸立
清风圣洁
我加倍呼吸着通向历史的气息
感受着跋涉的深情

苍穹蔚朗
我凝目高昂的家园
听见先生橐橐的步履声从江苏吴县
迤逦而来
急促而充实的脚步　就这样
徘徊在历史与群峰之间

让我永远无法抵达宁静

挽雪域山城之脉　化为
飞天的神鹰　奋斗的劲风
携临风的树神　歌唱
岁月旷远的苍劲　而我
仍然无法知道你感动了多少灵魂

将历史怎样浓缩
我才可以解读你啊
你这亭子　将几百年的推崇
站立成独美的风景
让历史评品　让岁月细嚼
此刻　你坐在新时代的霞光中
跳动　闪烁　一如既往地追忆着先生

为官与治学　廉洁与勤勉
历史的丰碑上刻记着怀想
先生已把深情和希望留在《寿宁待志》
在飞越的时空中　许多的回忆
已成长为亘古的期盼

虹之魂

——致廊桥

灵魂的飞檐　张扬着山的奔放与傲然
榫卯[1]的衔接　如此固执
让所有走过的步履轻盈而稳健

风是你的信子　雨是你的舞蹈
在婆娑的云朵之间
我清晰看到你独舞苍茫的风姿
我渴望走近你
触摸着你温热而经典的灵魂

这是一片朗绿的家园
盛开着梦　当你飞亘于风动的山林
跋涉的生命便永不停息
聆听临水夫人[2]深情的祝福
大山的歌激昂　热忱

---

① 榫卯：木结构两部分结合的地方，突出部分叫榫头，凿空部分叫卯眼。

② 临水夫人：寿宁木拱廊桥桥中供奉的神灵。

凭栏看霞　听山水共鸣
我心中溢满醉意

有人说你是天边五光十色的彩虹
呼云唤雨　炫彩光芒
有人说你是山水的脊梁
扭枝傲立　豪迈庄重
峻岭的风波 丛林的曲折
迷雾深处的探索
此刻在你岁月的额头
厚重成一卷引人入胜的篇章

让风吹醒过往的行进
也封存了古往今来许多的感伤与辉煌
那汴河桥①如何自豪地活在名画②中
而玻璃罩中继续展示着魅力
而你死虹之魂　仍在迎日送月
坚守着与风雨阳光崇高的爱情
我捧读你的清丽与古朴
我知道　此刻
你正携大山的智慧　飞转的时风
成为崭新的崇拜

① 汴河桥：指《清明上河图》中的那座桥梁。
② 名画：指《清明上河图》。

背包的分量

——致扎根山区的人民警察陈智辉

从夕阳指尖流淌下来的余晖
急切地掠过山头的树梢
与太阳竞走　汗水在夕阳下发出晶莹的光芒
四周一片寂静
只有他背上背包里发出的摩擦声
在这旷野里唱着优美的歌

十几年
他不知道自己翻过了多少座大山
极目四望
山脚下飘香的金浪又在尽情翻卷着
龙岗村叶阿婆拿到户口簿时幸福的笑声
弥漫整个山村
那位没了牙的张大伯
在临时搭起的身份证摄像点前
带着羞涩的笑脸

如此深刻地映在他的脑海中
沿着崎岖的山路向上走

远村是他永远的牵挂
晴天一身灰　雨天一身泥
二十个行政村　五十个自然村
最远的村庄二十八公里
从移动帐篷到背包警务
一本一包一台账[1]
背包的分量越来越重
汗水变更成一粒粒色彩斑斓的音符
他深情地说
群众方便了就是我最大的幸福
是的　村口那些深情的迎送
是一幅幅刻在他心灵深处的油画

背起背包　背着大山的承诺
背包警务是流动的风景线
照临这美好河山
令所有的崇敬瞩目

---

① 一本：一本笔记本，记录走访时记下的各类信息。一包：一个背包，内装为群众办理户籍、办理身份证等用品。一台账：建立一套警务管理的档案。

熟　秋

秋阳穿隙的声音
溅起了一地的金黄
从青绿到炫黄　宛若神迹

在这里　每一枚叶片
注定都将成为鸟的翅膀
每一粒泥土
都将成为花的前生

熟黄的言语和着蝉音
在秋晕里呢喃
飞鸟们是最固执的
即便是在冬日
依然在寻找熟秋的味道

一块咸石

白发染鬓的男子坐在河边
在记忆里不停地翻动着时光

三十年前卷着裤腿淘河的岁月
他觉得自己是君王
流水和石头是集训的士兵
轻轻甩着小尾巴的小鱼
是守河的特种兵

母亲总是说
他淘的石头总比淘的小鱼多
母亲用了他最大的石头
压在腌菜缸上

腌菜吃完了　石头咸了
他离开家乡了
从此　咸石就压在了他的心上

他城里的家摆放许多价格昂贵的石头
但他总是想起那块咸石

母亲捎信说　咸石还在
只是不压腌菜了
但不压腌菜的咸石却越来越咸
咸得让他总是下咽困难

初遇连江

此刻　我真的不由自主地喜悦
连那白云　都在向我招手
青芝山的雾雨是晶莹的
晶莹得像一件银白的婚纱

在青芝山的怀抱里
灵山金凤的嗓音从来没有沙哑过
是谁站立莲花峰上
捧回枇杷仙子送来的彩虹
是谁　用精神抑或双手举起这座城市
越来越高
如同所有的过客
我无法望到你的高度
初遇你　我是岸边望海的一粒沙子
再遇你　我将与你一起澎湃

汨罗江魂

五月　汨罗江水愈发热了
热得可以蒸熟青叶紧裹的粽子
可以沸腾整个中华的心魄
凌波涛涌
诗人用波浪朗读的《离骚》
高亢而凛冽

苦难的诗人啊
离骚昂扬
天问寄星河
汨罗江魂兮　千古绝唱

蓝墨水的上游　是汨罗江
诗人清高的胸怀
是几千年不曾忘记的膜拜
楚客英魂　粽叶米香
两千年沉浮
我分明看见乡愁　布满血丝

而龙舟飞溅的两岸涛声
震天擂响

星　座

——给永远的木峰先生

仰望的目光越来越多
在高阳的絮语里
人们虔诚丈量你的高度
而在世纪的回音壁前
我们手拉手牵起缕缕心香
我用阅读
徘徊你一生的壮美
我听见了你长长的足音
此刻　集合的星群
敲起了激越的钟声

我看见你在陋室
把家乡的希望握在手中
放进育英的每个教室
把真理点化为星座四周满天的星光

育英已人才辈出　先生
你看　百年大树郁郁葱葱

大树下站满一列列方阵
你的学生正跟随太阳
行进在队伍的最前方
唱奏一个个最雄伟的季节

等待雪来

降温使一切散发着清瘦的气息
我扯着冷风
盼望为灵魂做一次洗礼
淡去虚伪的幽雅
我又可以从透明开始
回到晶莹中去

雪啊　你是冬天的精灵
是仙女舞动秀臂落下的花影
与你相约
一直是我心灵的盛宴

我是针叶林的部族
雪花开放的时候
我凛然的目光充满思念
闪亮苍劲的是我的风情

漫天飞舞的是我的热情

雪来了
天与地连成了一片
雪花在我的心中舞蹈
我是世界的唯一　雪是我的唯一

等待候鸟

衔一朵彩云掠过
由北而南
远泊的心轻扶着蓝色的天媚
所有的人都在呼唤
归来吧　归来
那支黄泥与枝条衔筑的巢啊
蕴藏着你蹁跹的灵羽
还有你我坚守的诺言

静坐于巢屋下　我是守巢的奴仆
古老的天井依旧仰望着那片天宇
多情的雨花滴答在寂了的心房　鸟啊
我不愿孤独　让我的心与你一起飞翔
由南而北　我是你神秘的驿站

忠诚与热情充斥着我的躯体
我与你血脉相连

屋外的草木枝叶正一点点地褪色
你凌空而来的军号带着北方的力量
我知道我凝视的云霄神坛
是你必经之路
亲爱的　在巢下的我能为你做些什么呢
保持你熟悉的泥香草味
是我唯一能为你做的事情
是的　在巢下
还有不曾改变的我
唱着经久不衰的歌谣

岁月有声

——致张培基先生摄影集《岁月》

走进《岁月》，山山水水道有声
徜徉《岁月》，点点滴滴总关情

记忆中的岁月在漫步　唱着婉约的歌谣
向往的翅膀飞翔在山水间　拍打着
如此风情万种

不曾走远的岁月就在这白墙黑瓦间
穿越四季　沁润着我们生命的质地
方寸之间　往事悄然潜入　涂着纯朴的花纹
守望是山的本色
记忆是历史的灵魂
生命的律动　意志的炫舞
岁月在扬洒神奇和感动
轻拂画卷
岁月的精灵在舞蹈

四十年　家园未老么
你看　那轮守巢之月
仍在拂抹山城日益光洁的容颜

走进你　我是不能自拔的沉思者
我知道　此时　背上是岁月的落缤
溶进泥土　飞越枝头
我在幸福地和你筑起记忆的神殿

在岁月的温馨里行走
沧桑也是问候　瞬间也是永恒
一座山城成长的记忆里
汗水与希望
温暖着每一个的午夜梦回
岁月的天空千娇百媚

平凡与尊贵　美的耸峙和屹立
就在这镜间楚楚动人
红军走过的地方——火种　信念　英勇
深情的大山抒写着人民英雄的赞歌

岁月巨变——沧桑之上
生生不息的绵缠与跃动的脉搏

保持一致的韵律
岁月回首——激情飞戈
记忆的碎片斑驳着永不消散的疼痛
岁月留痕——我们活在时空隧道的阳光里
活在寿邑文明的深邃里
岁月如歌——代代相传的技艺
需要我们以虔诚的崇拜为失落的文明留照
岁月悠悠——有声音在脊梁之上扇动翅膀
你看　真实顽强的大山传唱不老的传说

沿着岁月的记忆行走
让思想在岁月里升华
让岁月在记忆中珍藏
只为我们共同拥有沉甸甸的历史
岁月深处是持续的跋涉
是一种信念的坚不可摧
岁月活在这样的情境里永远芳华无限

致林黛玉

在秋江　我曾在寂寞中看见
你用瘦小的秋风聚拢落花
一种悲怆如尖刀般渗进你的肌肤
直至你的灵魂
红消香断　被老去的岁月洗染
零零碎碎晒在苍冷的记忆里
而在不停的憧憬中
你的眼泪舞成了妩媚的落英

未若柳絮因风起
漠漠潇湘芙蓉枝
你是大观园中细致易碎的瓷
碎了季节　碎了梦想　碎了秋江

谁将珍藏你的葬花
西纱窗下　清秋风露
你的幸福是梦中的灯盏

花魂梦起带你漂泊
你的爱情是人间的光影

我只能眺望在那个太虚幻境里
也许可以驾云质问　可是有人
将它拉成长藤
缠绕你的轩窗幽芳
缠绕四百年　缠绕你的前世今生

八月秋江不寂寞
散落在岁月岸边的石头
还在敲打着人生的本缘
东风露滴　从大观园走来
你咀嚼着冷暖　带着满身的刺
像斗士　奔往于黑沉的夜

终究黄土垄中你没能埋葬爱情
听红瘦绿稀
多少岁月　几多繁条花开时　我依然相信
你的花锄在圣洁的黄土中种下的是缠绵不了缘

仙岩杜鹃红

都说是你香甜的舌尖
把整个初夏吻得十分热烈
都说是你的羞涩醉了大山

但我确定是你满山丰盈的红
摇落我莫名的伤悲

其实我更愿意看到
你以绿色的名义与我相约
让我见证你如何滋长暗香
还有满怀绿的情态

漫天飞雪的冬季
孤独刺痛发酵的梦
更多的时候　你精细梳妆
让日子流淌在等待的甜蜜中

你是待闺的姑娘
你是仙岩山的精华
希望在你点妆的时节
我可以在你的枝节上挂满我多情的心语

古巷青苔

你是百年风雨的脚印
将岁月踏成青色
枕着记忆

石板路护佑着愿望
小心翼翼　向明天飞去

寻你问迹
在石头的怀里
注定无处躲藏
人间无闲日
听一曲老歌
醉在你的脚下

秋风谣

这时　秋的音符已溢满山野
所有的植物都在认真倾听
时光把越来越长的心事
写成了歌剧　在旷野里上演

月光亲吻露珠
将念想抚摸致痛
老树的枝头开始风起云涌
而摇响四野的是那些黄叶的掌声
叶片儿把指尖朝向天空
却把自己留在泥土里

黄昏的公园

恋人是公园孤独的花朵
夕阳在树影后
叩开了寂寞的门窗

垂钓的人收竿了
穿着花裙子的女儿悄悄打开了鱼桶
霎时　鱼儿飞腾入海的身姿
成就了我喜爱的图腾

一朵云

还有什么不可以放下
胸中有雷霆
却只静听风声
在一朵云里看春花灿烂
看奔腾的马
看血腥的厮杀
人们忘乎所以

稻草人

稻粒儿走了
只有稻秆守在风中
牛和羊也走了
是闻着草香走的
熟悉的圈舍　成了它们的牢房
连一团雾气也扑进父亲的谷堆里

而稻草人被留在黑暗里
歪着身子　打着哑语
在两声犬吠声中它倒向了田野

旅

窗外晃晃而过的树
让我想起了被太阳晒干的岁月
我曾枕着父亲慈祥的愿望
画过太阳的万丈光芒

远山还是暗淡而去了
显露的是我的树和我热爱的草

高速以它的方式将旅途的风景
一瓣瓣地埋进风中
此刻　在这金黄色的光晕中
心和车一起疾驰
奔向神往的未知

思　念

思念是孤独的灯
在沉夜的窗前闪着橘黄的亮
抚摸着风顺子的去向
我追逐着那缥缈的热烈

思念是拉长的影子
月光操控着它　不知何时归位
我玲珑的鸟啊
你的筑屋是春天的宫殿

思念是急走的云吧
或清晰或模糊

都义无反顾地遐想
将曾经的风情万种
风干成记忆的壁画

思念是望灯的帆
守望着流影波光的温情
也许起伏的只有悲伤
那圆润的浪珠仍在飞舞
如落盘的琴弦

一日伊始

天光还未完全放亮
每天扯着大嗓门大叫的公鸡
也还未开嗓
此时　在稻穗儿相互碰撞的声音中
那些人影出现在半山腰的稻田里
鼓胀着腰身的稻子
气宇轩昂站立在田里

在越来越光亮的晨曦中
那些人影虔诚地弯着身子
那些倒在田里的稻子相拥着

轻轻地吻别母亲
虔诚地站立在冯梦龙的塑像前

那一年　从繁华的苏州出发
三个月风雨兼程
您将酝酿已久的政治抱负一次次捂热
于千里之外　在闽东小邑
绽放出瑰丽的色彩

贫穷与艰难　僻远与落后
终究没能阻挡您花甲的脚步
走山乡　解民忧
您一直走在民间　用真情取暖百姓
虎患　陋习　催征
山民的境遇让你夜不能寐
打虎　禁溺
治水化讼　捐俸兴学
你用行动诺守一念为民之心

时光不停地刷新记忆
但您一直走在山城人的心里
时间和空间的风沙
掩埋了多少兴衰荣辱
三百八十年　对您的祭奠谁能忘
诵读您千古传诵的戏剧和诗句

缅怀您一心为民的情怀
山城始终保持着一种虔诚的敬仰

我仰望着你　你遥看着远方
与梅同清
日升门前的流水不息
您的精神不息

这一刻　我终于明白
一座县城与一个文学巨匠
因了怎样的渊薮而相逢
何其幸焉　何其福也
一册《寿宁待志》穿越四百年时空
永远拴着您的牵挂
驿动着山城人的情深义重
并让世界瞩目

女教师

粉笔把日子高高举起
向着光明奔跑

在夜灯暮雨中

你将岁月酿成了家乡的红酒
甘醇而浓烈
喜阳的树木不断地向上
逼近广阔的天空

深夜的蝉鸣
温暖了寂寞的灯盏
你把许多刚刚发芽的梦想揣在怀里
需要多久才能飞翔啊
你总是忧虑着

而今　你发现年轮的四周长满的刺
已然刺疼了你的青春　刺白了你飘舞的发丝
痛吗　不
那些飞翔的背影淹没了疼痛

手捧一阵春风
树林里鸟语花香
在阳光灼灼的时候
那树梢之巅结满了梦想的果实
你泪流满面

犀溪印象

从深山走来
只为这不寻常的相会
驮着犀溪人浓浓的希望而来
双溪在这里宛如一只奔向太阳的骏马

两岸柳如茵
宛如一群曼舞的少女
摇响清流的风铃
每一棵树都结满春和秋的情语

三碇步经常弹拨西风
为姑娘们的情歌配乐
每一个大肩膀的山头
都穿着银杏铁树的雍荣华贵

革命年代英雄站立
在粟裕将军走过的地方
这群犀溪水滋润的人们
正用勤劳与幸福握手

当三尖杉站立成海
鹅卵石般温柔的姑娘
全部舞成丰收的图腾

月之玫瑰

当爱情拍打心灵的时候　天使笑了
在春天的月夜里长成了玫瑰
缠绵成千年的诺言　带着疼痛

灌溉满园的清辉
注定只能用守望与承诺握手
而让所有的花朵翩翩而舞的
是她灼灼的眼泪

谁是我神秘的君王啊
她的呐喊犹如空谷的回音

她最终是一只孤独的飞鸟
衔着一支爱情的草根
在柳絮吐黄的时节
飞抵被雨水打湿的巢穴

一个人的山顶

在岩石上站立
彼山上那人的呐喊声有点怪异
摈弃一袭疲乏
我把手臂伸成枝干
摇曳云影

是岁月把日子揉搓成皱巴巴的
在这山顶上　那位拿着锄头的老人
却用汗水将岁月锄成一垄垄光鲜的日子

而那些将岩石切割成千年膜拜的时光
在一种更深的情意后面
全都整容　让人难以辨认

从高处往下看
从高处往下看是可以很从容的
从容地看家园
看她沐雨时的清新
看她雪怀中的洁白与娇羞

从高处往下看是这样的简单
随意地与风交谈
肆意地拍打空气
鄙视那些栉比鳞次物件们的高度

许多人喜欢在这样的高度接近晨曦的温柔
或在落日时感受夕阳西下的不舍
我知道每行行进的脚印
都是与大自然约会的情深

左峰上的木鱼声依旧在敲打着奶奶的心愿
聆听春日里花开的声音
还有大城市热火朝天的拔节声
我们将集结　建设心中的家园

杨梅洲之水

这条河保留着最原始的暗香
与每一块石头相亲
与每一粒泥土相爱

水的流淌是杨梅洲最生动的音符
而我是一枚水中的石子

守望岁月的风起云涌
痴情地收藏妩媚抑或苍老的缠绵

用音乐浸泡的水啊
你与山峦挽手奔跑
勾连的指缝间结满累累果实

细水吐波
在山涧　你是银链飞纵
那些远离喧嚣的惬意也在放纵
走进你　赤足赤心
每一次回眸都在回应你真实的召唤
每一滴汗水都愿意与你奔往大海

千娇百媚的飞流
你捧出的水晶碗斟满醉人的芳香
轻掬你入口
质朴的韵味拂去无数的暗伤

亲亲的水啊
我将不再做一枚缄默的石子
我是一枚自由奔跑的石子
追随你作千万次义无反顾的冲刺

杨梅洲之石

尽情舞蹈的是这里的奇石
在山顶在山腰或在水底
以一种种造型描述向上的热情
以刚勇磨砺寂寞和失落
然后让人精神抖擞地为明天赶路
这里的石头是鲜活的
聚大山之灵魂
自然恬适　蔓延无边
有的如夫妻　以爱情的名义
歌颂风吹雨打的忠贞
有的像佛陀　以虔诚的膜拜
倾诉千年的祝福
有的似神龟　驮着健康的颂词
栖落在轮回的四季里
还有镇河石塔　镇定着蔚蓝的家园
以坚毅的守候
接纳来自四面八方的合奏

杨梅洲之树

阳光被扯成千万条金丝
编织太阳之羽衣
灼灼发亮的是季节的精灵
与风同舞　与雨共呐喊
轻盈的　我的呼吸
还有我的身躯

此刻　我是你的一片叶子
是南方红豆杉的相思叶
或许是让人珍爱的银杏叶
还可以是花榈木的枝

我想在你的坚韧里　寻找绿的本源
在你的挺拔里　丈量你的气度
但你总是以你的苍翠
拍打人类思绪的光芒

南山的黄昏

南山的夕阳是从不独善其行的
一如既往的温柔
将细致浩瀚的粉红
慢慢地举向天际
大气地洒向所有的山头
也不放过低矮的草丛
一只松鼠晃动着硕大的尾巴
及时地将月色从松树间拖拽出来
于是　嫩黄色与青白色相恋相拥

赶羊人用鞭子甩走了许多结实的日子
这场轰轰烈烈的爱情
他视而不见　他想
妻子煮好的饭菜该凉了
在几声急切的羊叫声中
夕阳与月色的约会在依依不舍中结束

母亲与黄昏

羊圈圈满白云的时候
夕阳戴在母亲的头上
像一条金黄的纱巾

米笼前母亲专注地细数着米粒
一曲古老的歌谣从指缝间流下
敲击他的耳膜
直至心灵

母亲还在炊烟里蒸煮家乡的岁月
身已弯曲
他用尽力气饮下家乡星月的汤水
带着泥土的汗液
在城市里雕刻献给母亲的丰碑

致敬五月

致敬五月
五彩缤纷的感觉曼妙了所有年轻的岁月
蔓延而来的　还有青春拔节的疼痛

我热情地呼吸着　心驰神往
先锋前行道路上高擎的信念
闪动成我们勇往的灯塔

五月是敬仰的时节
所有飞翔的翅膀晶莹而有力
理想如楫　年轻的星群
驮七彩霓虹
丈量青春中国的步伐

今冬我还守在南窗

今冬我还守在南窗
带着橘子香的风洒落在我的脸颊

一只勇敢的小燕从窗前飞过
扯着我深爱的蓝披风
晶亮的是它的翅膀
还有它一闪而过动人的舞步

今冬我还守在南窗
守着这寂寞的欢笑
我将结晶成一颗钻石
在这里遥想你许下的丁香般的梦

我依然守在南窗
雪来了覆盖了我们的铁轨
还有你用琥珀保存的孤寂
我该往哪里跋涉
你该往哪里归来
你看　那南窗铺满的相思水
正驮着月色　化作了神秘的飞鸟

永远的中国巨人

——纪念毛泽东同志诞辰 100 周年

黑暗刺痛中国
九百六十万平方公里　满目疮痍

中国流着泪　挥着汗　蘸着血
悲泣的土地呼唤光明降临

一个世纪前的深冬
饱受苦难的中国盼来了巨人的诞生
“润泽东方”
擎着父辈的希望
巨人用那强大无比的声音呐喊“打到洋奴才”

黑发分头下温和的面容
是阅读不尽的希望和光明
柔软的大手从欧洲借来的
不是自由制度的蓝本　而是
共产主义的熊熊火炬
沿着那双炯炯有神的大眼
智慧的光芒如星光闪烁

在奇伟的井冈山
巨人高举火炬，成燎原星火
在黎明到来之前化作光明四射的宝箭
开辟中华民族前进的道路
而在这路的前方
巨人永远屹立

民族的旗帜

——纪念中国共产党成立七十周年

杜鹃花般火红的旗帜
燃点燎原之火　波澜壮阔
民族之魂的高地　不落的旗帜
是动力　是号角
沿着广袤大地的博大的愿望
聚涌无数次的跋涉

庄严的誓言燃烧神圣的热情
七十年超越历史的脚步
碾过了黑暗　以雄鹰的顽强
划破了那个时代巨大的缺口
黎明从黑暗中走来了
万道金光如潮似浪

在东方的广博的土地上
英雄的旗帜
凝重地将一个民族的魂魄托举

一代又一代的继承者

为这种勇敢这种崇高
将人民二字永远刻于时代的主旋律上

共和国的乐章（组诗）

第一乐章：南湖火炬

南湖的水是肃穆的
静谧的月光清矍绽放
红船旗烈
引航中国的思想炽亮如塔

南湖的水是热烈的
阳光舞动波浪的脉搏
我听见了火炬点燃的声音

这支火炬在中国的乡村城市奔腾
驱赶着黑暗中的鬼魅
天风浩荡　南湖水迅疾苍劲
背负一个民族的未来
英雄高举火炬
向着光明　为信仰礼赞

南湖红船　历史纪元的标记
看吧　不可阻挡的行进
一直这样　浩浩荡荡

第二乐章：星火井冈山

红米饭　南瓜汤
喂养了中国革命的肠胃
一顶斗笠　一领蓑衣
小米加步枪的队伍
驰骋纵横　将井冈山的星火
化为燎原之势

如莲花的井冈　以塔为号
伴奏着中国革命高昂的歌声
而黄洋界的那棵老槲树
正带着岁月的双翅
专心致志地思念着中国农村的史诗
深情地倾听中国有特色的前行之音

第三乐章：长征奇迹

二万五千里是一组让世界敬仰的数字
一场惊心动魄的行进
造就了一种精神
嵌入共和国丰满的骨髓里

不断壮大共和国的筋骨

几万双草鞋踏过的土地荡气回肠
湘江赤水激旋回望
流不尽的血泪
注入中国的血管
永远保持着顽强特质

追星伴月　声东击西
金沙江边敌人只能咀嚼草鞋的力量
大渡河依然喘急
十七勇士的战歌闪亮成前进的利剑

夹金山的雪鲜活着无数英雄的英姿
在一代代中国人的心中站立成丰碑
永不消融

当最后的草根嚼碎
最后一根皮带煮完
松潘草地那杆旗帜还在前行

前行的是一支创造奇迹的军队
前行的是一支锐不可当的军队
前行的是一个民族坚强不屈的信念

第四乐章：延安　烽火

还没来得及让脚底的水泡风干
我们硬如钢铁的战士
擦亮手中的利剑
又站到了那群长着野蛮筋骨的野兽面前

王家坪的黄土芬芳深情
中国巨人在这里运筹帷幄
持久的全民族抗战
这是打败敌人的法宝

信天游的高腔绕过一道道山梁
在黄土高坡久久回响
激昂的秧歌鼓点在延河大桥上
擂响冲天的声音
如天兵而降　似激流奔涌

凤凰山筑巢引凤
抗日志士聚涌而来
杨家岭的红旗烈烈如风
吹响胜利的号角

第五乐章：掌声　北京

香山的枫叶是被许多掌声拍红的

这惊天响亮的掌声啊
让九百六十万平方公里的土地
都竖起了耳朵

故宫门前的石板明亮光滑
古老民族创造的智慧之光
让世界追逐的目光充满敬仰
大碗茶在四合院里唱着京腔
长城傲立　坚挺华夏脊梁
此时此刻
由十三亿掌声托举出的声音
一个过去　现在　未来都钟情的声音
挺进　以马匹的速度

天安门的华表千万次地炫目
春天的故事长在中国的心中
唱响在紫荆花、荷花的蕊心里
风华无限

为你举第一枚蜡烛

——庆母校六十华诞

六十年，星移斗转
在大地辽阔的过道上
轻轻温情地远去了
回头收视的是你熠熠生辉的日子

这棵年老的柳树
母亲般祥和的目光中
浸入无数学子的青春岁月
站在你六十年辉煌的出口
于花蕾的内部，描绘你果实的肖像

年轮深沉地雕刻方桌时代的热情
那条长长的木制走廊呢
我的师长　你鬓发的白色
依旧是学子们最初的刻骨铭心
而这排挺拔的枇杷
仍兴致勃勃　开花结果

一届又一届的青春少年

在你起伏的胸膛里
满腹经纶　携无数的期望
奔走于祖国的大江南北
竞呈娇容

教研组的灯光
塑造了多少充实的灵魂
三八线的回忆不再是讽刺是甜蜜
滤过浮尘的重逢
在我们几百次的思念中
构成现在凝视的全部内容

我终于挡不住这古柳树的风韵
这一方黑土地的诱惑
在粉尘飞扬的讲桌上
把我的爱拼写出来
举第一枚蜡烛　母校
为你六十年的风采
情韵丰富地穿过你浩瀚的林子

碰撞你充实的成果
我发现　阳光照得你更加灿烂

徜徉在伟人的诗词里

徜徉在伟人的诗词里
我看见经典时光披着大氅　沐浴着阳光
敬仰化作了至高的信念
而在橘洲子　在秋日红橘满枝间
临风感怀的回忆壮阔豪迈
江水拍岸　恰同学少年指点江山
一个民族开始了崭新的出发

徜徉在伟人的诗词里
我看见秋收的镰刀
收获着潇湘的激情
而向往的翅膀　飞翔于大江南北
在广袤的农村　在厂矿　在中国人的心中

徜徉在伟人的诗词里
我看见彩练飞舞
长空雁叫　马蹄声急
在井冈山　在长汀　在大渡河边

中国红军写下了东方神话

雄关漫道　红旗漫卷
那支队伍在行进　行进在共和国辉煌的史册里

徜徉在伟人的诗词里
我感受到北国有力的心跳
深情地呼吸着　连同我们的血脉
五千年历史浩荡　昨天　今天　还有明天
义无反顾　所有的步履都将坚守这份信念
江山如此多娇
我愿是一轮荡开的波纹
今生就融化在这样的情境里

青春的门票

青春的门口是谁放了一束鲜花
充满了诱惑

许下一个美丽的诺言
剧场里热情涌动
星光在青春的柔情中黯然失色
而那人用一把吉他
把谢幕后滴落的泪水弹得四处飞溅

手中的门票已然掉色
她紧紧握着门票　踱进剧场
场内已座无虚席

清凉的风
从敞开的窗户吹进来
她打着寒战　仓皇而逃
门口那束鲜花依然光鲜
诱惑依旧

冷　春

家乡的冬天春天总是模糊不清
立春后下起了雪
让刚发芽的茶叶伤得很重
看着开心玩雪的女儿
李家姨娘深深叹了口气
从茶树上采摘女儿学琴费用的事看来没指望了
这个春天真的有点冷
冷得风也躲走了　到处干燥如柴
冷得鸟儿的叫声也嘶哑了
发出令人不愉快的声音

我临窗而立
听懂了那只母鸟对孩子的训话
小鸟们吱叫着　飞出鸟巢
巷口一位老人被穿红袄子的姑娘搀扶着
风声终于戛然而止

枫叶红了

此时此刻　枫叶是即将离去的恋人
曾经的海誓山盟
坠落为今天一落千丈的飘零

翻开日记　珍藏的枫叶已然褪色
如同她等待的岁月　毫无血性

又一个枫叶红的季节
叶儿在风中轻叩思念
鲜红的羽毛扇动着
炫得她眼睛发痛

挥手作别
寂寞的枫叶已无力翩跹
秋风未起

老　桥

木质的栏杆被风磨得很薄
古远走来的记忆在裂隙里五彩斑斓
让老桥雍容华贵
连桥檐瓦片上的青苔也显得傲气十足

和着漩涡的歌谣入眠
带着沧桑阅读老城
枯荣并非草木事
塞给路人一把快乐抑或一丝木香
老桥始终敞开内心
浪花跳着时尚的舞蹈
那位美丽的新娘虔诚地
从桥孔里扔下了一双红蛋
脸蛋上两朵火红的胭脂花
映着老桥的脸儿也通红通红的

老人与山

站在熟悉的土地上细数秋的色彩
不曾记得第几万次种子的播散
岁月绕起年轮面板般印刻在他脸上
成为土地的注释

一生与黑土地为伴
叶儿花儿萌动的激情
注入白发梢儿
构成了人间绝美的风景
土地因这深沉的抚摸
一年一度丰硕迷人
而在这缓缓的岁月流逝中
他练就了山一般刚强的性格
不曾感觉自身挺直与弓形的巨变
在锄头柄越来越光亮的日子里
历史行进的丰采如此深刻地写满
水烟筒上深情的圈儿

穿过经年的希望
他明白

他的子孙站在自己的肩上
奏出新的乐章　响彻云霄

听风吹过家园

从古银坑而来
从官台山而来
款款而来的
是一座小县迈向文明的历史之风

在大安　大大小小宛如大碗的银瓜
还在忽闪着银辉　在述说着开山凿洞的艰难
提前过端阳　十三义勇大夫战残暴
五百六十年前　我们的先民用勤劳与勇敢
开启了一座县城的光荣与梦想
风从树梢出发　过水波　烟霞
抵达山城春天的心脏
五百六十年　从不曾停息
万物蓬勃
绿草红花在蝴蝶的翅膀上
成就了一个个我们钟爱的春天
不　是勇敢的拓荒者
高举刃剑战胜荒蛮

一双双长着老茧的手托起了
文明的春天

涉远而来　风喊出了一轮火红的太阳
喊出了被汗水浸没的记忆
廊桥矫健　青山不老
令人怀想的是他们与钢筋水泥路的深情相牵

风从层层梯田间吹拂而来
吹过月光下晾着的儿时梦
顶着桂冠的北路曲韵依然悠扬
盛满了山县生命中闪烁的语言
而在我熟知的土地上
朴实的同胞　静静地雕刻着自己的命运
渺小而满足

听风轻轻地吹开窗子
蓝天怀抱白云的样子　很美
阳光从那些高耸的大楼间泻下
我看到了张张笑脸如花朵般绽放

穿越五百六十年的风啊
在鸽群的飞翔中迎接家园的生日
流动的血脉里印刻着一些必须记住的名字
袭一缕清风的冯梦龙

那些令人敬仰的志士仁人
那些为民众为共和甘洒热血的英雄
站立如碑　指引着方向

走了五百六十年　不变的　改变的
侧耳倾听纷沓而有力的脚步声
我知道我必须
和所有的同胞一起
追赶着这风　竭尽全力

世纪风

——纪念共和国成立四十周年

阅读你四十年的大浪淘沙
我的思想以及我的语言
已在你的风中浪漫成永恒的礼赞
我不能静静地伫立
在你经典的旅途中
我连呓语都充满热恋的情怀

四十年　共和国的面容海阔天空
五星红旗以最绵长的热情
种植一个民族永远的神话

冲卷着惊心动魄的世纪风

青春和生命的热望不断升腾
跳跃的土地燃烧爆炸的热情
当世界的眼睛赋予惊诧
世纪风的巨浪荡漾着神龙的风威
层叠的伟业飘洒于大江南北

冲击波的板块耸立着沉重的思索
不再只徜徉于长城和故宫的骄傲
也不愿将叹息再占领嘴角
海浪的冲劲掀起华夏民族的心灵

神奇的土地激动于她的执政者
壮年的共和国矿藏的旷远和力度
必将下个世纪的咏叹调鸣奏

路　火炬与永恒

——纪念中国共产党成立八十周年

七月的路是火炬的接力与燃烧
七月的路是永恒的耸立与欢呼
七月啊　沿着你的深情

翻阅你的每一次光焰
我清晰地看到浩荡与壮美

你是一颗长着翅膀的美丽种子
南湖红船上点燃的火炬
举起了沉睡的中华大地
井冈圣火的高擎
把一个民族的希望高高扬起
而长征路上的座座石碑
已耸立成共和国的丰碑
七月　你构建了一部深邃的历史巨卷
八十年历史的开拓
种植了无数深情的收获
长白山松林涛音的太阳

南海石塘的喜悦
黄河长江雄浑的呐喊
北京无数次热烈的掌声
都使世界因你而精彩

今天　你又以一次飞翔的形式
走进了亿万人滚烫的仰视
面对繁荣与昌盛
我知道该用毕生的热情
诵读中国共产党

撰写的这部经典巨著
面对被温暖和欢乐包围的日子
我知道该用敬仰与庄严重温
我们苦难和光荣的岁月

梦龙酒诗

在雪为音的傲然小城
珍藏着梦龙不朽的业绩
而在这新世纪的曙光中
小城人用思想点燃汗水
将智慧绵延小镇的憧憬和激动
汇入秀灵山泉的甘甜
山谷间流淌着十月的清澈

坚实的双手
丹丹的火苗
酿出这旷世的芬芳
照着红红的渴望
将一束腾飞的灵光
注入跋涉的艰伟
我看见了红色的帆船
正穿越金牌的骄傲

一日日地闪烁辉煌

掬一片升腾的甜美
灌制小镇奋斗的模型
借助梦龙春液体的刚强
小城正呼应着酒神的召唤
而在我的灵魂里正默默地
燃烧自豪的诗行

祝福七月

——致香港

从历史走出
满身是血　是悲怆的泪
一百五十年的分离
国人的泪让香江汹涌澎湃

香江的流淌悲壮肃穆
那个强盗舞剑的日子
香港岛、九龙、新界
一次次的凌辱
将国人红红的血燃烧成怒海

香江的流淌卓越高昂
这是一匹引领高歌的骏马
百年沧桑　百年抗争
英雄站立香江两岸仗剑而歌
争取主权　祖国统一
港人百年历史是一座座英雄的丰碑

香江的流淌庄严辉煌
伟人天才的构想　是世纪的榜样
让百年之梦洒遍阳光
照耀香江两岸歌者伫立的风景
歌唱母亲迎归久别儿女的欣喜

七月，你是我们盼望的爱人
请让我以向日葵的心情
祝福这个让世界激动瞩目的日子

七月紫荆花

——纪念香港回归

听七月脚步
紫荆花香飘万里河山
百年尘土飞扬

在雨打紫荆的日子
许多的枪声挂满这块土地的屋檐
留下瘀血的伤口直烧成愤怒的海
民族的耻辱　似剑
从此　刺入国人红红的胸膛

折骨为号　太多冰冷的日子
背上驮满母亲深情的目光
血中之血　多少同胞的牵挂
同香江水一起飞溅四射
一国两制　伟人天才的构思
让中华的光荣布满大地天空

香江　你如期的归来
让无数历史深处焦虑的目光
以及一直坚持的坚守
都有了深情的寄托　请相信
星辰朗照过的搏动
一直在倾听你前行的步履

在 1997 这样温暖的怀抱里
我的香港　你可以专心致志地飞翔
你看　五星红旗
在紫荆花劲放的喜悦里
正从港督府的旗杆上
升起　照彻香江两岸

冲　浪

海浪弹起了强劲的进行曲
一群海鸥逆袭而来
战斗在海浪之巅　异常激烈
飞过去　漩涡与浪涛
梦想是波顶之上的旗帜
此时　我是那群海鸥的君王
波峰浪谷　万马奔腾

海浪热吻岸石
带着水腥味儿
而海鸥用朴实无华的羽翼
留下了惊心动魄的风骨

弹尽粮绝
海浪带着雾气
向海鸥顶礼膜拜

十字路口

和路标合影　转身向右
彩云在路的前方铺开了
光华灿烂的喧嚣
所有人都义无反顾地奔往

三月的阳光是情人的目光
把大地顶礼成金黄色
尖锐的刹车声响过
红灯亮起　人流潮涌

远方是人生前行的绿灯
而身后总有闪烁不休的红灯
向往的激情
总是在绿灯与红灯前举棋不定
给绿灯一个借口
送你一个坚定不移的前行

三峰秋意

秋天的三峰没有谎言
卸下浓妆　一样风姿灼灼
那些登峰的脚步也是厚实的
在清风中响着咔咔的声音

许多的念想也是饱满的
浮躁的蛊惑也被风追赶逃亡
偶尔在最高的岩石上站立
那人的歌声
在尊贵的稻秆指挥下
像风一样铺天盖地

弥乐大佛乐观山城
我们心甘情愿将岩石膜拜成
欢乐的源流
福播众生

山羊尖

站在山峰之上
山里人每天都驾云出行
杜鹃浪漫而多情
总在这山巅　向云朵献上深情的红
而你与这里的草儿一见钟情
她们绿在这高峰之上　悄悄然
你来了　她们便是你的爱恋
你走了　你便是她们的思念

今夕何在　可挽你的手
还有同频的心
共舞绿火浪漫的季节
无论秋高云淡或沉云隐霭
她永远放纵着伟岸与多情

等雾散了吧
你可以看到炊烟恋恋不舍回转的身姿
摈弃烦尘　等雾浸漫山野吧
神羊在风中与幽云的情话　充满诱惑
这个缘定今生的约会　其境缤纷

荷　恋

一池温柔　满目流星
绿精灵将露珠小心翼翼地缠绵
阳光深陷其中　化为七彩的翅膀
美丽耀眼

从冬天而来
时光的舌根咀嚼着寂寞
是谁最早点亮夏的风姿
荷叶　荷花　莲蓬　蛙声
一池热闹
荷枝顶着莲蓬述说的爱情
如她的身形清瘦高洁

万朵莲里的祈祷
朝圣的灵魂祈盼逝去的年华
在唐诗宋词中听荷的洁韵
千百年的遥音从不寂寞
荷池里摇橹的姑娘　玉臂如藕
娉婷如诗

一湖织荷轻扬碧浪
荷叶　莲蓬都展开了手
掬一池的清水
挽一袖的暗香
此时　我渴望以一朵荷的轮回
点燃一池碧水
彼岸眺望　只为等你

一粒橙里的幸福

这是一场盛大的集结
从青绿到色彩斑斓
阳光从绿叶间泻下　金光闪闪
我看见锌橙如精灵般挂在枝头
那是火红的灯笼照亮大地
一粒粒锌橙就像一个个希望挂满山头
照亮了幸福的笑脸　如花朵绽放

这是一片情深义重的大地
风从北峰而来述说着岁月静好的愿望
我们朴实的同胞
用橙皮般褶皱的双手耕耘大山的传奇

今天我们以山为脉　以橙为媒
敲响乡村振兴豪迈的鼓点
去赴一场甜蜜的约会

红红的锌橙舞动时光的脚步
在每道曙光里起调
在每一座山头着色
在每一个心头唱歌
这是属于这片天空的色彩
这是属于这块土地的恩赐
这是属于山乡橙农的幸福

阳光朗照　青山碧水情
橙黄挂枝　笑迎八方客
这是大山的琼浆乳汁
带着大地的风骨　大山的品质
自然而芳华

有人说锌橙是故乡的明灯
闪烁着牵挂和祝福的光芒
每一瓣呼唤都能唤出乡愁
让身在异乡的游子永不寂寞
有人说锌橙是母亲慈爱的脸
风儿轻拂　带一路甘甜
有人说锌橙是火红的日子　是扶贫的致富果

每一瓣都装满农人深切的期盼

看吧　红橙绿叶闹枝头
所有走进你的步履都充满虔诚和向往
青山不老　岁岁锌橙红
绿水长流　年年农家福
来吧　邀上你的亲朋好友
在青山绿水里接受锌橙的甜蜜
在最美好的遇见里见证大自然与你的血脉相连

从春天出发

早春的汗水泊在夕阳里
编织着金黄色的梦
牛儿慈祥的眼神种满山野
潮湿了岁月所有的呐喊
这片牧笛咀嚼的田园
背负五百年忙碌的记忆
此刻　婉约而深刻
山风高扬的手掌拂过季节的容颜
色彩斑斓

从春天出发　蹄声如雷
早出晚归　只为了到达秋天的高度

顺着雨水的方向
你听　喜悦在天光中奔涌

是谁在深山舞动春色
衔春的鸟儿唱绿了万物
伸长的　向上的　远不止这绿
我眺望着
石在　鸟巢还在
来　还是往
远乡的诱惑　回家的企盼
都将让你义无反顾

在你濯足的时刻
多少人迷失在你多彩的梦幻里
霓虹流溢
凝固几多旋律

人间天堂

天堂人间
如潮的心海波涌着期盼

昂扬的豪情
在纸样的天空弥漫

捧着大自然鬼斧神工的恩赐
这旷达的世界啊
珍藏着怎样的神话

寿宁金鸡巢

松柏为衣
流水抚琴
歌者从不惧怕没有舞台
雄姿勃发
展喉的啼叫不知可以鼓舞多少步伐

是大地的孕育
还是上天的哺育
晶莹剔透的灵魂
凝固　涅槃
永恒与短暂
都耀眼如星

积聚生命的蓬勃
做一次远途跋涉
荆棘　黄泥
还有花瓣都是过往
阳光也罢

月光也好
只是背景
我看见你用温柔的手
把日月精华
送给了沧桑岁月
多少时光　不动声色地凝结
风雨臣服了粗糙
岁月雕刻了沧桑
飞过丛林
灵感的清泉喂养了我们的灵魂
阵痛出生命的神奇

浪漫了一片大地
琐碎的情感因这份浸润而美好
于是　心便似蜡烛的火焰
和你一起曼妙
昂着头颅
让人怦然心动的是你的眼睛
轻咬着我的肢肤　我的灵魂

虔诚的光芒宛如初恋的口红
在惊蛰过后的风中摇曳
让我如何靠近你啊
涂满胸腔　青春的颜色
凋零　轮回　爱情不老

后 记

有时候，人们记住一个城市或者一处风景，可能记住的并不是风景的本身，而是风景对人们情感的记忆、情感的共鸣。一方水土，一方风情，每一个地方人的幸福感是不一样的。我的少年时光是沾着泥巴土和草木味道的。带一种纯朴，携一份自然长大的时光，虽少了大城市的伟岸，但多了份山野之趣、山野之纯。

上中学时，语文老师经常在班上念自己的作文，这样的鼓励让我感受到文字世界的美丽。上大学时，念的是历史，却喜欢与文学系的同学玩在一起，出诗刊，写报道，忙得不亦乐乎。记得我们为自己的诗集取了一个很高大上的名字，叫《克莱奥》。克莱奥是古希腊的历史女神，一群爱好文学的年轻人以历史女神的名义，写诗，写青春的快乐。毕业当了老师，课余时间仍然喜欢与同事一起玩文字，出了一本学校历史上首个诗刊《太阳雨》。现在翻看当年的这些诗作和散文，于羞涩中我能抚摸到了年轻时的激情。

文学是我们每一步人生路的见证。那些用文字书写的情怀，从不曾老去，她们雪藏着，鲜活着，独美而洁净，这就是文字的力量。

文学的初心在于守望，在于书写情感。梁实秋先生说得好："文学是发于人性，基于人性，亦止于人性的。"于诗，我已不再是那个充满激情的歌者，但我依然是一个歌者。我梦想的光明通过文字照耀着我，引领着我，并让我保留浪漫的天性，保存着对大自然的热情，保持着对善良、纯真的一往情深。如果我的文字能让某一个人在某一刻得到些许温暖，那对我将是意外的收获和惊喜！

感谢朱谷忠、连德仁先生在百忙之中为我写了序，感谢蔡维坚先生的大力支持，这对我是一份鼓励，更是一种鞭策。

在文字的世界里，与每一个有趣的灵魂欣喜相遇。感恩！敬请读者批评指正！

卢彩娱